MICHEL VINAVER
THÉÂTRE DE CHAMBRE

To crest the wave
Or enter the green room
beneath the froth

Recent and forthcoming titles in the BCP French Texts Series:

MICHEL VINAVER
THÉÂTRE DE CHAMBRE

DISSIDENT, IL VA SANS DIRE

LES TRAVAUX ET LES JOURS

LES VOISINS

EDITED WITH INTRODUCTION,
NOTES AND BIBLIOGRAPHY
BY DAVID BRADBY

PUBLISHED BY BRISTOL CLASSICAL PRESS
GENERAL EDITOR: JOHN H. BETTS
FRENCH TEXTS SERIES EDITOR: EDWARD FREEMAN

Cover illustration: stage design for *Dissident, il va sans dire* by Yannis Kokkos.

Published by Bristol Classical Press
an imprint of
Gerald Duckworth & Co. Ltd
The Old Piano Factory
48 Hoxton Square, London N1 6PB

A catalogue record for this book is available
from the British Library

ISBN 1-85399-433-2

Available in USA and Canada from:
Focus Information Group
PO box 369
Newburyport
MA 01950

Printed in Great Britain by
Booksprint, Bristol

CONTENTS

ACKNOWLEDGEMENTS

We are grateful to Yannis Kokkos for generously allowing us to use his original stage design for *Dissident, il va sans dire*. The three plays included in this volume were first published by L'Arche (*Dissident, il va sans dire; Les Travaux et les jours*) and Actes Sud/L'Aire (*Les Voisins*); we are grateful to both publishers for permission to reprint the texts. The texts used are all taken from *Théâtre Complet* vol. II, Actes Sud and L'Aire, 1986.

Sur la condition de l'auteur dramatique

C'est seulement en échappant à toute obligation de plaire, de divertir, de produire et d'être produit, de se conformer, de réussir, de nourrir sa famille, que l'auteur de théâtre peut espérer occuper sa place - qui est dans la marginalité - et peut chercher à remplir son rôle - qui est de susciter quelque secousse ou fissuration dans l'ordre établi. Je crois dans la nécessité qu'il y a, pour l'auteur de théâtre, d'être, a priori, excentré. D'opérer sa fonction par un continuel bond à l'écart. D'être inassimilable.

Ce qui ne veut pas dire: écrire des pièces ardues, arrides, tournant le dos au succès. Au contraire, pour ma part, je désire profondément que mes pièces soient: d'accès facile, plaisantes, divertissantes, conductrices du rire et de toute la gamme des émotions. Mais rien de tout ceci ne peut venir autrement que par-dessus le marché. Ces résultats ne peuvent pas se viser. Ce que je vise, c'est pousser aussi loin qu'il m'est donné de le faire une recherche dans "ce qui n'est pas encore", à partir de ma saisie de ce qui est. Une recherche chaque fois absolument hasardeuse.

Le théâtre ne cesse de renaître de son état moribond, de s'inventer d'autres formes, conditions, ressources et lieux, de se manifester là et quand on ne l'attend pas. On peut croire qu'il répond à un besoin élémentaire et indéracinable. Le besoin, peut-être, de dire non d'une façon qui soit une ouverture.

(Extracted from 'Sur la condition de l'auteur dramatique en France aujourd'hui'in *Ecrits sur le Théâtre* de Michel Vinaver [p. 118].)

INTRODUCTION

Theatre in France in the 1990s

The British theatre is a playwright's theatre. Audiences go to see a play because they know the play, or at least the name of the author, and believe that they will be entertained. Until about 30 years ago, this was true of the French theatre as well, but since then, the French theatre has become a theatre of star directors. Critics and audiences alike have become used to talking of 'Planchon's *Tartuffe*', of 'Vitez's *Hamlet*' or of Chéreau's *Peer Gynt*'. This way of speaking about productions accurately reflects a new balance of power relations in the cultural process: the director has managed to oust both author and actor from the central focus of the public's attention. This is surprising when one reflects that audiences never see the director. What they see on stage is the presence of actors and the work of designers; what they hear is speech written by authors. To explain the current prominence of the director, it is necessary to understand something of the cultural forces that have shaped French theatre in the period since the second world war.

The main driving force for change and innovation during this 50-year period has been provided by a movement known as 'le théâtre populaire'. *Le Théâtre Populaire* was the title of a small book published in 1941 by Jacques Copeau. Copeau was acknowledged as the leading director in the French theatre, whose authority rested on his pioneering work at the Théâtre du Vieux Colombier between 1913 and 1924. For most of the period between the two wars, Copeau avoided Paris, and his main conclusion in *Le Théâtre Populaire* was that the theatre had become the prisoner of the commercial managements of the capital city. If it was ever to become, once again, the place where society's deepest beliefs were articulated and debated (as it had been in Ancient Greece or in Elizabethan England) it would only do so by rediscovering this central relevance to the concerns of French society, and by making contact with audiences not limited to the Parisian intelligentsia.

Copeau believed that, for this to happen, theatre would need to ally itself with one of the two great ideological movements of his time: Marxism or Christianity.[1] The history of the post-war decades proved him to have been partly correct: the 'théâtre populaire' movement was indeed fuelled by ideological belief, but it was less precisely defined than 'Marxist' or 'Christian'. It was broadly humanist, and set itself the democratic aim of making the best of theatre available to the widest possible audience. Initially, this meant taking productions of the classics, especially Molière and Shakespeare, to audiences who had never seen live theatre before. It laid emphasis on the communal aspects of theatre-going, as expressed by Jean Vilar, director of the Théâtre National Populaire from 1951 until 1963, in the following words:

> réunir, dans les travées de la communion dramatique, le boutiquier de Suresnes, le haut magistrat, l'ouvrier de Puteaux et l'agent de change, le facteur des pauvres et le professeur agrégé.[2]

There was also a clear educational and political motivation behind the work of the most influential post-war theatre directors. They believed that France's humiliating collapse in the face of German aggression in 1939-40 could be attributed, partly, to a failure of popular education. During the years of German Occupation (1940-44) special educational sections were set up in the Resistance movement, and after the war these sections established a powerful lobby for promoting educational and cultural activities amongst the working class. It was significant for the development of the post-war theatre in France that most, if not all, of the most talented directors of their generation shared these aspirations and were keen to harness their work to the same ideals. The two most famous directors to emerge after the war, Jean-Louis Barrault and Jean Vilar, had both been associated with cultural resistance movements, as had many others such as Jacques Lecoq, founder of the famous mime school, Jean Dasté, Copeau's son in law, who founded theatres in Grenoble and Saint-Etienne, André Clavé, director of the Centre Dramatique de l'Est in Colmar, 1947-52, etc. The young directors who continued and extended their work in the 1950s, such as Roger Planchon in Lyon, shared the same ideals of making the best of culture available to people from all classes and presenting it so as to be relevant to their everyday situations.

The history of the post-war years was dominated, in the 1950s, by political instability at home and violent post-colonial conflicts in Indo-China and in Algeria; then, in the 1960s, by de Gaulle's successful attempt to recreate a stable, prosperous state which could once again become a major player on the world stage. In pursuit of this, he placed a great deal of emphasis on French cultural supremacy and introduced measures to defend the French language, a preoccupation that is still high on the list of French government priorities today. The man he placed in charge of this cultural renewal was André Malraux, a novelist known for his books celebrating the struggle for political freedom all over the world, from China (*La Condition Humaine*, 1933) to Spain (*L'Espoir*, 1937). As France's first Minister of Culture (1959-68), Malraux was given a sizeable budget, which he used to reinforce the work of theatres outside Paris, and to start a building programme designed to set up a network of 'Maisons de la Culture' that would cover the whole of France, ensuring that no French citizen was denied access to the arts.

The first people to benefit directly from this increase in spending and renewed sense of cultural purpose were the directors who, in the 1940s and 1950s, had been establishing new theatre companies in the French provinces. In some cases they became the directors of new Maisons de la Culture; in others they simply used the increased subsidy to strengthen their theatre activities. Alongside them sprang up a group of younger directors with more radical ideas, people such as Ariane Mnouchkine or Patrice Chéreau, Jean-Pierre Vincent or Jérôme Savary, who were wary of being part of Malraux's state cultural enterprise and wanted their theatres to play a more oppositional role. When a wave of political revolt swept across France in May 1968, these were the people best placed to ride the wave. They took their performances out of theatre buildings, into the streets or the factories; they organised discussions concerning the purpose of culture and its political uses.

The 1970s was a period of retrenchment for many French theatre companies, as the economy stagnated and conservative governments attempted to restrain the explosive forces in French society that had briefly emerged in 1968. It was also a time of cut-backs in the publishing industry, and a number of firms that had previously specialised in play texts went out of business. But not all theatre came to a standstill, and several of the directors who had emerged as leaders in the 1968 period were able to consolidate their position. Ariane Mnouchkine and her company, the Théâtre du Soleil, put on three remarkable performances, devised by the collaborative method dubbed 'la création collective', all inspired by the political questions thrown up by the failure of the 1968 revolution. There were other young directors who set up companies with names such as Le Théâtre de l'Espérance (Jean-Pierre Vincent), whose aim was to ensure that the voice of political opposition was not stifled, and others, notably Jérôme Savary, whose 'Grand Magic Circus' succeeded in creating an atmosphere of irresistible and joyous anarchy.

In 1981, the Socialist party triumphed at the French legislative elections, inaugurating another sustained period of growth in subsidy for the arts. One of the Socialists' election promises had been to raise spending on the Arts to 1% of the national budget and this they had achieved by the end of the decade. Once again a widely respected figure was appointed Minister of Culture; this was Jack Lang who, like Malraux before him, used the increase in subsidies to promote a decentralisation of provision in the arts. Once again, the theatre benefited and those directors who had survived the lean years of the seventies were well placed to expand their activities. By the end of the 1980s every sizeable town in France had its own municipal theatre; alongside this seat of state-subsidised culture there sprang up various 'alternative' companies challenging the cultural agenda set by the large theatres. Many of these alternative companies also sought and gained government subsidy, though on a far smaller scale. At the beginning of the 1990s there were over 500 independent professional companies in receipt of public funds as well as the forty 'Centres Dramatiques Nationaux' and the five 'Théâtres Nationaux'.

Despite being well funded, the situation of the French theatre in the 1990s is not an easy one. The democratic idealism of the early years of the 'Théâtre Populaire' movement has evaporated, leaving a large network of state-subsidised theatres in place, but with little collective sense of direction. Moreover the mood of the new right wing government is firmly against state-subsidised culture and in favour of removing protection from commercial pressures. The government successfully defended the interests of the French cinema industry at the conclusion of the 1993 GATT round, but the theatre establishment is having to fight hard to justify continuing subsidy; the regular increases in expenditure that took place year by year in the 1980s seem unlikely to return in the course of the 1990s.

In this situation, there is a renewed recognition of the role of the playwright in the creation of a vigorous, innovative theatre. One of the people most responsible for this shift is Robert Abirached, director of the theatre section at the Ministry of Culture from 1981 to 1988, who is himself a playwright. He supervised the establishment of a theatre committee at the 'Centre National des Lettres' (funded by the Ministry) and arranged for Michel Vinaver to be its chairman. In order to clarify the particular problems facing French playwrights at the time, Vinaver undertook a report and a survey on the subject. The results were published in 1987 as *Des mille maux dont souffre l'édition théâtrale et des trente-sept remèdes pour l'en soulager*. His major conclusion was that there had been a change in the status of the writer of plays. In the 1940s and 1950s, a writer would turn to the theatre as naturally as to the novel; indeed the major writers of the period, such as Camus and Sartre, were simply carrying on the traditions of pre-war life in which authors as various as Gide, Giraudoux, Mauriac, Montherlant and Cocteau had not seen any need to choose between prose and drama.

In the 1960s and 1970s, however, the rise of the all-powerful director and the result of the fashion for 'la création collective' following 1968, had had the effect of clarifying the specific qualities of the art of theatre, and maximising its visual appeal at the expense of its role as a forum for the discussion of ideas. The success of the Theatre of the Absurd had only served to reinforce this trend. As a result, the playwright had come to be seen as a specialist, and dramatic dialogue as something that could only be successfully written by authors with an exclusive vocation for and training in theatre. Vinaver concluded that plays had ceased to be considered as part of the mainstream of the nation's intellectual life and had become marginalised into a specialist ghetto. Subsequent surveys conducted by the Ministry of Culture suggested that these conclusions were well-founded: they confirmed that as the subsidy for theatre increased, attendances at theatres declined, and the shows that were put on appeared to be directed more and more at theatrical colleagues rather than at the general public.

Acting on Vinaver's report, Abirached introduced a number of changes designed to strengthen the role of the playwright. Subsidies were made available through the Centre National des Lettres to publishers of plays, and two important new series were launched: 'Théâtrales' and 'Papiers'. Directors in receipt of public subsidy were obliged to produce a certain proportion of new plays and money was made available for revivals of recent work by living writers. In addition, extra funds were channelled through an organisation that already existed for the encouragement of playwrights, known as 'Théâtre Ouvert'. In 1988, this was given a new status as a 'Centre Dramatique National de Création' with an annual budget comparable to that of a small theatre company. Théâtre Ouvert offers practical ways of making young dramatists' work known, such as typing and duplicating new play scripts so that they can be circulated among the theatre companies who might be able to perform them. It also has its own publishing imprint and a small stage in Clichy, where authors can work with actors and directors, and where small-scale performances of new work can be given. It was at Théâtre Ouvert that the first performances of Michel Vinaver's play *Les Voisins* were given, before the production went on tour to some of the larger decentralised theatres (in Caen, Strasbourg, Annecy...).

Throughout his career as a playwright, Vinaver has been identified with the decentralised 'théâtre populaire' movement. He gave his first play, *Les Coréens*, to Roger Planchon's theatre in Lyon, and its first performances in 1956 led to Vinaver being seen as a left wing writer in the tradition of Brecht, whose plays were being discovered by politically minded theatre people in the course of the 1950s. In reality, Vinaver was not interested in using the theatre to promote a political thesis. He saw the theatre as a place in which an audience's basic assumptions and ways of picturing the world could be questioned. At the time, Vinaver did not rely on theatre for a living but was employed by Gillette in a managerial capacity, rising in the course of the 1950s and 1960s to the post of managing director of all the firm's operations in France. This gave him a privileged insight into the workings of the business community and the economic developments that were transforming France at this time, which he put to good use in *Par-dessus bord* (also first produced by Roger Planchon, at the Théâtre National Populaire, Villeurbanne, 1973) and in most of his subsequent plays.

Of all his plays, *Par-dessus bord* embodies most vividly the paradoxical position in which Vinaver found himself, as a successful business man who nevertheless had misgivings about the ethos of the multinational corporation that supported him. He was fascinated by the fundamental human activity of trading – the material and psychological aspects of buying and selling – but was deeply worried by the way that he saw ordinary people's lives being increasingly manipulated by big business. His own way of confronting the uncomfortable contradictions of this situation was to write about it. For *Les Travaux et les jours*, republished in this volume, he drew on the experience of a long and bitter strike provoked by attempts to restructure S.T. Dupont of Annecy, a company he was managing from 1970 until 1978. The play was first performed by the Théâtre Eclaté of Annecy, a recently formed theatre group with which Vinaver had been involved, and was followed by discussions with the Dupont workers.[3]

In the 1980s he retired from his business career in order to devote himself full-time to writing, to teaching, and to activities such as his work for the Centre National des Lettres. From this point onwards, he began to take a more active interest in the workings of theatre. In 1983, for example, he collaborated with Alain Françon (director of the Théâtre Eclaté of Annecy) in directing one of his plays, *L'Ordinaire*. This experience led him to believe that the writer should not try to direct his own work, because the two activities of writing and directing were quite separate. The playwright's text, he felt, should be seen as having its own integrity; the director, designer and actors then had the task of interpreting it, using all their skills and knowledge of the stage. Since the experience of co-directing *L'Ordinaire*, Vinaver no longer seeks to influence the creative choices of a director, though he welcomes the chance to be involved in detailed preparatory work on the text before rehearsals begin. Both Alain Françon and Jacques Lassalle (who between them have directed all his new plays since 1978) work with him in this way.

In 1993 a programme of major refurbishment of Copeau's old theatre, the Théâtre du Vieux Colombier, was completed and the building came under the control of the Comédie Française. As one of their two opening productions, the Comédie Française actors put on a successful revival of Vinaver's first play *Les Coréens* (originally entitled *Aujourd'hui*).[4] This production confirmed Vinaver's status as the major living playwright and heir to Copeau's humanist tradition of an innovative theatre in touch with the concerns of contemporary French society. With sixteen original plays or adaptations in print, Vinaver's achievement is considerable and his exploration of how people negotiate the pitfalls of life under late capitalism has never seemed more relevant.

The Subjects of Vinaver's Plays

Unlike most dramatists, Vinaver does not seek out the exceptional or the 'dramatic' for the subject matter of his plays: on the contrary, he sticks to the most ordinary, everyday experience of life as lived by unexceptional people in contemporary France. The three plays in this volume are typical of his work, being set in urban France in the present day. Vinaver may have been persuaded of the importance of writing about everyday realities by the work of Camus and Sartre that influenced him as a young writer (see next section). His first play, written in 1955, was entitled simply *Aujourd'hui*, and he has commented a number of times on his attitude towards 'le quotidien' (i.e. everyday reality):

> A l'égard du quotidien, j'ai un rapport ancien, un rapport enfantin. Un rapport qui remonte à l'enfance et qui n'a pas changé, et qui est au centre même de mon activité d'écrivain. Je crois bien qu'enfant, j'étais étonné qu'on me permette les choses les plus simples, comme de pousser une porte, de courir, de m'arrêter de courir, etc. J'étais étonné, émerveillé de ces droits qu'on me donnait, et j'étais toujours à craindre qu'on me les retire, qu'on me repousse dans la non-existence. De la sorte, le quotidien, c'était quelque chose de très vibrant, au bord de l'interdit, en tout cas précaire, immérité.[5]

Because he had a sense of standing somehow *outside reality*, creative writing became, for him, not an exercise in copying reality, but rather a constant attempt to capture or penetrate a domain never perceived as given in advance:

> Toute mon activité d'écriture...est une tentative de pénétrer ce territoire, le quotidien, qui ne m'a jamais été *donné*, dont l'accès est toujours à découvirir, à forcer. Autant dire que pour l'écrivain que je suis rien n'existe avant d'écrire, et qu'écrire c'est essayer de donner consistance au monde, et à moi dedans.[6]

This experience of the world as something not given in advance but constituted in and through the act of writing provides an essential key to understanding Vinaver's plays. It explains both the process and the aims and direction of that process. The process is one of beginning from material which is absolutely flat, devoid of story-line or inherent dramatic interest. He does not begin from characters or structures, but from the material realities of living in France today. Vinaver is a compulsive reader and classifier of newspaper articles: the primary source for his writing is often a news item taken from a daily paper (in French: 'un quotidien'). The work of writing involves both composing and structuring in such a way that meaning emerges.

It is difficult to picture exactly how this process operates; perhaps the nearest we can get to it is the description given by Vinaver himself:

> Au départ d'une pièce il n'y a aucun sens. Mais aussitôt l'écriture de la pièce commencée, il y a une poussée vers le sens, une poussée vers la constitution de situations, de thèmes, de personnages. A partir d'un noyau indéterminé issu de l'explosion initiale, la pièce n'arrête pas de se construire. A la fin, si elle est réussie, elle se présente comme un objet aussi rigoureusement construit que s'il y avait eu un plan préalable.[7]

The direction of the work is thus also defined. Its aim is to surprise, stimulate, challenge its spectators with an image of life at one and the same time familiar, since it depicts ordinary situations and characters, but also strange, since it is structured in ways that are unexpected or original. It aims to interfere with the familiar words and phrases that we habitually employ in order to articulate our experience of the world and our sense of ourselves within it. But this is not done with any intention of substituting 'right' for 'wrong' thinking. There are no didactic intentions behind Vinaver's writing, he does not claim to know something about life which he can pass on through his plays. In fact his intention in composing the play is to create a work that will, to some extent, resist interpretation: in other words it will not be easily reduced to a paraphrase or to a 'message'.

In order to write in this way, the author needs to be an obsessive observer, annotator, recorder of people's everyday usage, with an ear for the way keywords will dominate and colour people's speech. He must also be sensitive to the whole mass of idiomatic turns of phrase that go to make up the linguistic texture of everyday reality as we articulate it to one another and to ourselves. Vinaver's interest in this approach to reality is demonstrated by his book *Les Français vus par les Français*. This was published in 1985 under the pseudonym of Guy Nevers, but Vinaver's role in this book is more that of compiler than author. The book is the result of a concentrated period of brainstorming: Vinaver brought together a group of a dozen people, and encouraged them to voice their feelings, ideas, convictions, uncertainties and dreams of what it meant to be French.

The method he used was to table a question - for example, 'Le Français, il est comment?' – and then to encourage the members of the group to say whatever came into their heads. The results of the two days of talking were taped and analysed by Vinaver, who grouped the results together under fifty-two different headings, each broken up into clusters of keywords or ideas, with a commentary on the group picture that emerged from each. The idea was to provide a lighthearted self-portrait of a nation.[8] The book demonstrated the encyclopedic interest in the words people use and the patient willingness to classify and record them that is necessary to achieve the profound sensitivity to everyday usage characteristic of Vinaver's plays.

The encyclopedic quality of Vinaver's subject matter is discussed by Jean-Loup Rivière in his introduction to the *Théâtre Complet*:

> Le théâtre de Vinaver constitue une sorte de répertoire de la francité. Des événements, des objets, des manières de parler sont prélevés dans le paysage de la France pour être tissés dans la trame des pièces qui forment une sorte de musée de l'ethnographie française et contemporaine. Le chômage des cadres, le cinéma tchèque, les grandes surfaces, la pilule, les happenings, la loterie nationale, la pollution...toute une série d'objets qui n'ont pas pour destination de former un "décor", ils sont la matière même des pièces, et non des images.[9]

This expresses well the multi-textured quality of the subject-matter of Vinaver's plays. Because of his non-selective practice of starting with what he terms the 'magma' of everyday life, these plays constitute an all-inclusive catalogue of those preoccupations and aspirations most characteristic of contemporary France.

In the course of Vinaver's career as a playwright, from 1955 to the present day, France has gone through a great many changes. Vinaver's attention to the texture of everyday lived reality means that these changes are naturally reflected in the subject-matter of his plays. The great conflicts marking the end of the colonial era in which France was involved, in South-East Asia and in Algeria, are present in *Les Coréens* (1955), in *Les Huissiers* (1957) and in *Iphigénie Hôtel* (1959). The modernisation of French industry as it was exposed to American marketing methods in the 1950s and 1960s is central to *Par-dessus bord* (1969); the economic stagnation of the 1970s plays a similar role in *La Demande d'emploi* (1971), *Dissident, il va sans dire* (1976) and *Les Travaux et les jours* (1977). In the last decade and a half, television has begun to play a larger part in his plays, reflecting the growth of its importance in the fabric of everyday life in France: both *A la renverse* (1979) and *L'Emission de télévision* (1988) are centrally concerned with the role of broadcasting media in social life.

In the shaping process that is involved in constructing a play, these subjects tend to resolve themselves into polarities such as work/unemployment; children/parents; home/workplace; delight/despair; attachment/detachment. This process allows the playwright to represent the realities of everyday life with the vividness of the real life experience; a concept such as work is thus made meaningful by interaction with its opposite: unemployment, etc. But these polarities are not exploited in order to set up binary oppositions. Nowhere in the plays does he create a conflictual situation setting one social group against another in the manner that is characteristic of Brecht or Arden.

The originality of Vinaver's method is that he does not write about these subjects in a conventional sense. None of his plays could be summed up by saying 'It's about unemployment' for example. The subjects are always multiple rather than single and can be said to constitute the life of the plays at an immediate level. In other words, the plays do not present a discussion of the subjects in question, but rather weave together different strands taken from different subjects in order to create a complex texture that has the feel of reality about it, yet is somehow at one degree removed from reality, distanced for our gaze.

In a recent interview, Vinaver defined the difference between Brecht's concept of distanciation (*Verfremdung*) and his own in the following terms:

> Brecht procédait brutalement et massivement, pour couper court à toute tendance à l'identification. La distance, dans ma façon de faire, résulte d'une multitude de micro-secousses, de micro-coups de force au niveau de l'agencement de la parole, de collisions et dérapages dans le dialogue qui suscitent un va-et-vient entre la participation et le décrochement. Méthode diffuse, moins sûre, plus aléatoire, mais qui permet d'éviter le surplomb du dramaturge sur le spectateur. Toujours pour la même raison qui est que le dramaturge n'en sait pas plus que le spectateur; ils sont au même niveau d'inconnaissance.[10]

Vinaver's subject matter can thus be defined as the real stuff of everyday existence in contemporary France, seized in all its complex multifariousness, but presented in a way that makes it appear in a new light, a little bit strange or unfamiliar. To understand this distance or strangeness and how it functions, we need to consider Vinaver's relationship with other writers and the originality of his dramaturgy. These two things will be discussed in sections 3 and 4.

Literary Influences

In 1946 in a New York hotel lobby a young French student was waiting nervously to meet his literary idol, Albert Camus. The student's name was Michel Grinberg, now better known as the playwright Michel Vinaver. Michel had been born in Paris in 1927 and had spent his childhood there, but in 1941 he moved to New York with his family, who had gone into temporary exile: being of Russian-Jewish origins, they were not safe in Nazi-occupied Paris. His father ran an antique shop, 'A la Vieille Russie', and his mother was a lawyer, who worked for the United Nations organisation in New York after the war. The young Michel had completed his schooling at the Lycée Français of New York, before going on to study English and American literature at Wesleyan University in Middletown, Connecticut. At the age of nineteen, he had already begun to write, using his mother's family name, Vinaver, as his nom de plume. He had been especially impressed by Camus's *L'Etranger*, published five years earlier, so when Camus visited New York on a lecture tour, Vinaver went straight to his hotel and asked to see him.

Camus was always keen to help young authors and encouraged Vinaver to continue writing and to visit him again when he returned to France. After his return to Paris in 1947, Vinaver thus became a regular participant in Camus' literary gatherings. As one of Gallimard's advisers, Camus recommended the publication of Vinaver's first two books, both novels: *Lataume* (1950) and *L'Objecteur* (1951). Camus' influence on Vinaver's work is visible in his whole approach to politics and to its integration in literature. Unlike Sartre, Camus did not take an approach that aimed to promote a particular party or programme. Instead, he attempted to reconcile the demands of Existentialist philosophy with the need for political commitment, a need that was only too clear to the young Camus, who had lived through the Nazi occupation of France and had edited the underground Resistance newspaper *Combat*. In *La Peste*, for example, an allegory of the Nazi occupation, Camus presents a wide variety of different responses to the plague, failing to endorse any of them as the one true path (although some responses are definitely judged as wrong). The complexity of the novel is built up through the interaction of the different characters and their attitudes.

In the confusing Cold War politics of the post-war years, the writer's problem of how to marry the potentially conflicting demands of philosophical truth and political commitment continued to be one of Camus' main preoccupations. No doubt this was a subject of discussion between him and Vinaver, since Camus made the following note in his diary:

Vinaver. L'Ecrivain est finalement responsable de ce qu'il fait envers la société. Mais il lui faut accepter (et c'est là qu'il doit se montrer très modeste, très peu exigeant), de ne pas connaître d'avance sa responsabilité, d'ignorer *tant qu'il écrit*, les conditions de son engagement - de prendre un risque.[11]

The risk that Vinaver takes in his plays is to write almost invariably about contemporary events, so that he cannot, as Camus suggests, be sure of the political lesson that may ultimately emerge from them. By contrasting a variety of different perspectives on a central situation or problem, he can open up a space for reflection by his audience, but he relinquishes some of the author's traditional control over the interpretation of his material.

The influence of Camus on Vinaver can be detected more directly in the characters whose response to the world bears a strong resemblance to that of Meursault. The prototype for these characters is the anti-hero of Vinaver's second novel *L'Objecteur*. The term 'objecteur' was carefully chosen by Vinaver: it suggests a conscientious objector (the French term is *objecteur de conscience*) but by only including half of the French phrase, it leaves a certain ambiguity, lending the term a more general applicability. In this novel Julien Bême (the *objecteur* of the title) refuses to follow orders while on National Service, but he is not strictly speaking a conscientious objector, since his actions follow no predetermined plan. One day on the parade ground, he makes an act of refusal that is as much physical as mental: he simply sits down on the ground and takes no notice of further orders. This does not indicate an incapacity for positive action (he gives proof that he is capable of decisive action elsewhere in the book) but a spontaneous act of passive resistance.

Julien Bême has notable points of similarity with Meursault of *L'Etranger*. Like Meursault, Bême has a heightened sense of the value of commonplace or everyday events. He responds in a direct way to the physical demands of the moment, unmediated by thoughts of career or the subsequent consequences for his actions. Like Meursault's, Bême's resistance to the established order of things has both its negative and its positive poles. On the negative side, it is instinctive and therefore potentially destructive. On the positive side, it stems from a deeply felt response to lived experience and the sincere attempt to be true to that experience.

Belair, the central character of Vinaver's first play, *Les Coréens*, is one of a group of French volunteer soldiers making up a United Nations peacekeeping force in Korea. At the start of the play, he is suddenly cut off from his normal routine by losing touch with his company behind enemy lines. For him, the resulting experience is one of finding that the familiar preconceptions drop away and a new apprehension of reality is achieved, because he is freed from the categories habitually imposed on his life. Instead of fighting, regrouping, following the normal imperatives of army discipline, he sits still, looks around, learns from the situation he is in and construes it differently from the way he has been taught to do.

After *Les Coréens*, the play most clearly bearing the imprint of Meursault is the only other one to be set in the late 1940s and early 1950s, *Portrait d'une femme*. Written in 1984, the idea for this play came to Vinaver when he rediscovered a bundle of old newspaper cuttings, reports of the trial of Pauline Dubuisson, a medical student who murdered her lover and who was sentenced in 1953 to hard labour for life. On re-reading the accounts of the trial, Vinaver was struck by the way in which the court authorities failed to draw Dubuisson into their linguistic field. She adopted none of the attitudes expected in such circumstances: she was neither contrite nor angry – she simply appeared untouched by the proceedings of the court. Vinaver's play is constructed in order to dramatise this relationship between the young woman and the judicial process. Sophie Auzanneau, as she is renamed in the play, exhibits the behaviour of an *objecteur* as defined above. She does not positively resist, but is recalcitrant towards those who try to draw her into saying more than she intends. She never has the kind of violent outburst that Meursault has with the chaplain toward the end of *L'Etranger*, because she never achieves Meursault's level of self-awareness, but her failure to collude with the judicial process is used by Vinaver to achieve just the same kind of ironic effect as that achieved by Camus in the second half of his novel.

In the plays included in this volume, Philippe (in *Dissident, il va sans dire*) is the character most obviously sharing this mentality. There is a passive quality about his attitude towards the world, stemming from his unwillingness to accept the goals that the adult world normally holds out as being desirable to young people. He is by turns cynical, utopian, evasive, desperate. Like Meursault, he has a very keen eye for the hypocrisies of people who claim to be motivated by high ideals while in fact working only for their own interests. He is aware of the deadening effect of much industrial work on the people who have to service the machines, but he does not develop a coherently oppositional or revolutionary position: his rejection of the status quo is much more sporadic and emotional. His disappearance towards the end of the play suggests a refusal of all the accepted structures that society has to offer, albeit a nihilistic one, lacking the almost heroic conviction of Meursault at the end of *L'Etranger*. In the other plays, traces of this kind of attitude can be seen in Guillermo of *Les Travaux et les jours* or Ulysse of *Les Voisins*.

Camus also had a career as a playwright, of course, but Vinaver does not appear to have been personally affected by Camus' plays. The other major influence on the young Vinaver at the time when he was beginning to write was that of T.S. Eliot, but again it was not Eliot's plays that attracted him. As a student of literature in America, he had been dazzled by the discovery of Eliot's poetry, and especially *The Waste Land*, a poem that was to exert a powerful influence over his whole creative life. In 1947, during a visit to England, he made a translation of this poem into French. Many years later, when he was a well-known playwright, this translation was published, and he prefaced it with the following words:

> En tant qu'écrivain de théâtre la rencontre avec *The Waste Land* a été, je le sais aujourd'hui, fondatrice. Beaucoup plus qu'une influence. Longtemps je suis resté sans avoir conscience que *The Waste Land* m'habitait. Plus exactement, je l'habite. C'est ma maison.[12]

Like Eliot, who brings together disparate elements, which do not 'fit together', challenging his readers to relate them in their own imaginations, Vinaver, too, makes it impossible for his audience to separate off hierarchies of meaning (to keep historical or mythical characters separate from ordinary office workers, for example). Eliot's juxtapositional technique is characteristic of much Modernist poetry, and it was precisely the techniques of Modernism that Vinaver came to adapt for dramatic purposes. The features that he picks out as typical of *The Waste Land* can equally well be applied to his own plays:

> C'est la primauté du rythme par lequel il y a poussée vers le sens; c'est le traitement contrapuntique d'une multiplicité de thèmes autonomes; c'est la prééminence des thèmes sur les éléments d'intrigue; c'est le mouvement donné aux thèmes pour qu'ils s'entrechoquent ou se frottent les uns aux autres jusqu'au point de fusion plutôt qu'un enchaînement de mouvement causal; c'est l'antériorité de la parole, les personnages se constituant à partir de l'éruption du tout-venant des mots; c'est l'émergence à tâtons d'une structure partant à la découverte d'elle-même plutôt que la mise en place d'un cadre préexistant (un sujet, une situation, des personnages); c'est le niveau moléculaire où la jointure se fait entre le plus universel et le plus trivial, entre le mythique et le quotidien, entre le plus ancien et le plus absolument actuel;... c'est la pratique de l'assemblage, du collage, du lacérage;[13]

This paragraph is useful in expressing, in the author's own words, the compositional techniques that he employs. Most important among these are the attention to rhythm as much as to meaning and the 'contrapuntal' treatment of themes, which are juxtaposed so as to set up reverberations between them, rather than being linked together in a plot. It also explains why, when discussing the subject matter of Vinaver's plays, the emphasis falls more upon the multiplicity of themes rather than on the discussion of a single subject. Finally, it emphasises (in the last six lines quoted above) the attention given to spaces that are 'in between' – between the mythical and the everyday, for example.

Rather like T.S. Eliot's poetry, Vinaver's plays are scattered with references to the ancient world of myths. In *Les Voisins*, for instance, one of the characters is named Ulysse and, like the Ulysses of Homer, has a particularly close relationship with the family dog. The title, *Les Travaux et les Jours*, is borrowed from a treatise by Hesiod in which he discusses farming techniques, the management of the Ancient Greek economy and its relationship to the stories of Gods and heroes. Vinaver describes his relationship to myth by referring to a mythic shuttle ('une navette mythique') in his work. His first play was constructed on the basis of an initiation ceremony, in which a boy moves from childhood to manhood by being first expelled from society then reintegrated. From that point onward, all of his plays attempt to present an experience that has the force of a rite of passage, moving between different states, and many of them contain references to fragments of the myths and legends that are part of the Western cultural inheritance. As in Eliot's poetry, these references do not *explain* anything (in the sense of providing a key); they are simply part of the everyday reality in which we live and move and have our being. In their own way they express the universal human experience of change, from one state to another, which is worked through in almost every play from *Oedipus* onwards.

Vinaver is exceptional among contemporary French playwrights for the way that his work takes its place in a literary and poetic tradition rather than in a theatrical one. This may be partly because he has never relied on the theatre to earn a living. His work in business gave him both financial independence and a deep insight into the workings of multi-national commercial concerns and their development since the Second World War. He has used techniques learned from T.S. Eliot (who himself had worked in banking) in order to explore the experience of life shared by so many people today, struggling to reconcile a sense of themselves as free individuals with the way they often seem to be mere pawns in the games of the great commercial empires.

Dramaturgy

On first seeing the text of a play by Vinaver, the reader receives a shock: there is no punctuation and so the text appears strange: rather than welcoming readers into its world, it demands that they make an effort. As the reader's eye travels over the page, it must move backwards as well as forwards, searching for how the words may be made to fall into patterns of meaning. To read the text this way is to approach it as if it were poetry and this approach will prove fruitful. The obvious parallel is with the poetry of Apollinaire, which also dispensed with punctuation.

After the first impression of strangeness, or difficulty in making sense, the next reaction that is likely to follow is one of growing fascination, as readers discover that they have a necessary part to play in bringing the text to life: the words that at first appeared inert, or difficult, begin to reveal their inner life, they ask to be spoken in a particular way. As a reader tries them out, now one way, now another, he or she discovers that it is not just the natural breaks normally marked by punctuation that need to be invented, but also the whole tone, intensity, volume, pace, with which the speech is voiced.

This is true of the way we read all play texts, of course, but is especially true of Vinaver's work because of the importance of the interplay of different voices in the texture of his dialogue. Twentieth century developments in psychology and psychoanalysis have helped to make us acutely conscious of how frequently our words are not our own. Everyone has had the experience of feeling that they become a different person according to the different people they are with, and even when one wishes to assert one's individuality most fiercely, one can sometimes catch oneself mouthing phrases picked up from a friend, from the television, or from some other outside source. As for ordinary, everyday conversation, much of it involves a self-conscious playing with the catch-phrases or the clichés of the moment.

Vinaver's dialogue is particularly adept at capturing this aspect of contemporary reality: the way that one of the dimensions in which we live (as well as time and space) is language. Our language is one of the elements that makes it possible to define a character, and not just that character as an individual, but also that character as a social being caught in a particular set of circumstances. Many of Vinaver's characters appear to be taken over by a particular language, or jargon, or way of speaking. This is done in such a way as to make it abundantly clear to the audience how that character's reality is limited or defined by the words they speak – how, in short, 'the words speak them'.

Yet it would be wrong to see all of Vinaver's characters as passive victims of language. Many of them are actively conscious of the intimate relationship between ourselves and our words. Introducing *Dissident, il va sans dire* to the readers of the theatre journal *Travail Théâtral*, Vinaver wrote:

> "Faut bien que j'utilise des mots, quand je te parle", dit une voix innommée dans un poème d'Eliot.

The conscious use of words for effect is a special feature of those plays in which Vinaver dramatises the act of selling and the whole relationship between the marketing strategist and the 'business culture' in which he moves. It is particularly clear in his epic play *Par-dessus bord*, a play in which every conflictual situation includes a linguistic dimension, with the result that the play develops into a kind of war of different languages: office jargon, marketing jargon, 'franglais', old-fashioned academic lecturing, new-fangled media slang, jazzmen's 'roughtalk', salespeople's smoothtalk, high-finance talk, love talk, all vie for the right to impose their own construction on the events taking place. In the chamber plays this kind of linguistic conflict is less exaggerated, perhaps because the smaller range of characters gives less scope for the interplay of many different linguistic registers.

Vinaver chose the term 'théâtre de chambre' as the title for the volume in which *Dissident, il va sans dire* and *Nina, c'est autre chose* were published together in 1978. In his afterword to this volume, Jean-Pierre Sarrazac quotes Vinaver's explanation of what he meant by chamber theatre:

> Théâtre de chambre comme il y a une musique de chambre, où la matière se constitue à partir du jeu ensemble d'un petit nombre de voix, de thèmes. Accords et dissonances. Répétitions et variations.[15]

All three plays in this volume are placed in the 'chamber theatre' category by their author. Like Strindberg, who first coined the term chamber theatre (in 1907), Vinaver has been a playwright of extremes, producing either very large-scale works with huge casts, or short, intimate pieces with few characters. Whereas *Par-dessus bord* has a cast of 31 named characters, plus more than a dozen 'extras', *Dissident, il va sans dire* has only two, *Les Travaux et les jours* has five, and *Les Voisins* has four. But as the quotation above suggests, the counterpoint of different voices, though more restricted, is just as important to these plays as it is to the large-scale works and it is especially noticeable in *Les Travaux et les jours*.

This play presents a crisis in the relationship between the characters and the language they use in the office. The three secretaries, Anne, Nicole and Yvette, are employed to operate a telephone answering service for the firm of Cosson that manufactures coffee grinders. When someone rings up with a complaint, or wanting repairs done to a machine, it is their job to placate the caller while maintaining the reputation and standing of the firm. They have a repertoire of stock phrases concerning the functioning of the coffee grinders, length of time taken for repairs, etc., and these are often quite amusing in themselves. But the majority of the play's humorous effects are the shifts and jumps between the formal tone of the language they use in replying to the customers and the intimate tone of the private discussions that they have with one another between calls. In some cases the calls hardly cause a break in the stream of talk between them, since they are able to answer the customers almost without thinking and to keep two conversations going at once, dealing with the customer at the end of the line without losing the threads of their gossiping with one another.

In the first few minutes of the play the audience is rather dazzled by the virtuoso juggling of different linguistic registers, but as the situation changes, it becomes clear that the women are let down by their own personal investment in the language of business promotion when the firm that they so fluently defend lets them down. Cosson is bought up by another, larger firm. A programme of economies is set in train and the factory's workforce responds by going on strike. Anne, Nicole and Yvette cope heroically with the increasing number of calls, calming anxious customers, convincing them that normal service will soon be resumed. But once a settlement is reached, it becomes clear that the after-sales service will be the first victim of the economies. Instead of a real person answering the phone, there will be a computer, programmed with sixty-four standard replies. The situation of the secretaries is revealed as one shared by the great majority of people in Western society to-day:

> C'est de plus en plus par l'économique – et non plus, comme autrefois, par le divin, ou même par le social qui continue de se désagréger - que les gens tissent leur lien au monde. Ils veulent participer complètement de l'ordre économique; en même temps ils sont dans l'angoisse d'être rejetés hors de cet ordre... Autrement dit, l'individu peut se trouver à la fois broyé par un système et en complète communion avec lui.[16]

In all of Vinaver's plays, a similar struggle can be found at the linguistic level. Different jargons or idioms confront one another, shift, break up, and re-form, with varying degrees of appropriateness to the characters who speak or the situations in which they find themselves. The theatre of the Absurd is famous for having introduced language onto the stage as an objective, even hostile element, out of the characters' control. For example, Ionesco's first play, *La Cantatrice chauve*, ends with a sequence in which there is a kind of terrorist outbreak of language; phrases that are completely meaningless crowd in on the characters who cannot control them. This is often referred to as the 'reification' of language, which means language becoming hard and object-like, not something that can be moulded or manipulated by human agency. But Vinaver's characters do not, like Ionesco's, labour under the weight of reified language. On the contrary, Vinaver's starting point is a whole range of different idioms, whose very variety gives them a fluid, shapeless quality, but from which meanings will begin to emerge through compositional techniques of counterpoint, interruption, ellipsis, montage.

The dramatic method employed by Vinaver is highly original and draws more on the techniques of poetry, music or painting than on the work of other dramatists or techniques of play writing. They are methods that Vinaver learned, as was suggested in the last section, from T.S. Eliot, involving the juxtaposition of very different styles, registers, subjects. Vinaver's own way of describing his compositional technique is to draw comparisons with painting or music, since neither the painter nor the musician works with propositional meanings:

> Je travaille la parole comme un peintre le trait et la couleur, comme un musicien le son. Je m'associe plus naturellement au peintre ou au musicien qu'à l'auteur dramatique, sans doute parce que j'utilise la parole, non pour exprimer des sentiments ou des idées, mais pour matérialiser des relations de différences et de répétitions, pour sortir de l'indistinct, pour faire émerger à partir du chaos des choses un "entre-les-choses".[17]

At the head of one of his plays, Vinaver quoted a statement by the painter Georges Braque, in which he claimed that the subject of his paintings was to be found, not in the objects depicted, but in the relationship between them.[18] In the same way, Vinaver juxtaposes different linguistic registers, from high culture to low, from learned to familiar, from mythical to modern. In the texture of the completed dramatic dialogue they do not lose their quality of difference, but acquire new resonances by virtue of the relationship between them.

This important feature of Vinaver's writing is enhanced by the rapid exchange of much of his dialogue. There is practically no monologue in Vinaver's theatre: speech is always part of a process of action and reaction between different people. The multiplicity of voices that drama inevitably entails is fundamentally congenial to Vinaver. He welcomes the fact that the playwright, unlike other writers, cannot speak with his own voice, but only through the orchestration of other voices: 'L'Ecriture théâtrale me va parce que ce sont d'autres que moi qu'elle fait parler, et parce que cette parole ne décrit pas, ne commente pas, n'explique pas, mais agit'.[19]

This method also has implications for the status of dramatic characters in Vinaver's plays. In dramatic dialogue, character is always presented through a process of juxtaposition and interaction. The audience appreciates Lady Macbeth's strength of purpose chiefly because they see her pitted against a vacillating husband. Vinaver's approach to dramatic composition, original as it is, leads him naturally to exploit this fundamental quality of dramatic dialogue to its limit. Just as Braque claimed that the important thing was not so much the objects depicted as the spaces between them, so Vinaver's characters can be seized only in the actions that take place between them. Each of his plays affords a wealth of insights into the way 'character' is composed of a constantly shifting network of statements and interactions: between persons, between groups, between the individual and the group.

This feature of Vinaver's writing style might seem to qualify him for the description 'postmodern', since one of the defining features of postmodern writing is an emphasis on the constant interplay of difference and the lack of stable, fixed identities. And yet, for all his dramaturgical originality, Vinaver's concerns remain similar to those of the Modernists (Eliot and Joyce among the writers, Braque and Picasso among the painters) rather than to the playful irresponsibilities of out-and-out postmodernists (such as Robert Wilson, or the Wooster group). In the work of Wilson, for example, there is a quality of narcissistic self-contemplation and a delight in the infinite malleabilitiy of images that is not to be found in Vinaver. On the contrary, Vinaver holds an uncompromising view of the authority of the text in the theatre. In his view it is not (as postmodern theatre practice would suggest) open to cuts, additions, reordering and rewriting at the whim of the director or the actors. It has its own authority and integrity which must be respected. It derives this from its fundamental aim or project, which is to reach out and touch reality in more immediate ways than are allowed by inherited dramatic forms.

In the process of attempting this, the plays are relentlessly experimental and self-conscious in the challenges they mount to our conventional ways of picturing reality and our inherited views of the function of art. Moreover they attack our common applications of hierarchies and value judgements to everything we do. But this attack is not made in order to suggest that no value judgements are possible at all. Rather, it aims to present, in a complex, living demonstration on stage, for our better understanding, a demonstration of the equally complex (and conflicting) value systems that compete for our attention at every moment of every day of our lives. Its strategy is to do away with a continuously developing plot line, since this only allows of a single perspective; instead, it sets out to examine any given situation from a variety of different perspectives.

The great contribution of twentieth century Modernist art has been to challenge the nineteenth century novelist's claim to omniscience. Modernist art suggests that it is never possible for anyone, not even the creator of a character, to know everything about that character; but that does not mean that *nothing* can be known. On the contrary, if knowledge must of necessity be limited by the standpoint of the knower, then it becomes important to multiply the different standpoints from which a particular object may be viewed and understood, for this is the only way to build up knowledge not limited by the individual perspective.

Hand in hand with this technique, goes the belief that no subject is automatically defined as suitable or unsuitable for literary treatment: none of reality, especially not the most banal, must be excluded. But this does not lead to a bland or banal representation of the world, in which all differences are ironed out and everything appears similar to everything else. On the contrary, the disparities between the ancient and the modern, the banal and the exceptional, etc. are accentuated by their very juxtaposition and there is always an overriding aim, well expressed by Vinaver when he wrote that his ambition was to transform 'le magma le plus extrêmement inintéressant en un objet de jouissance et de connaissance'.[20] Knowledge is the ultimate aim: an enhanced knowledge and understanding of the world in which we live and the ways in which we construct our individual personalities and our social life within that world.

Performing Vinaver

Vinaver's plays possess that rare quality sometimes described as 'leaping naturally off the page', which makes the reader want to hear the words voiced out loud. This is because of their kaleidoscopic use of dialogue and because of the wide range of voices employed in those dialogues. Unlike much new writing for the theatre, Vinaver's plays never rely on monologue. It is impossible to read the plays without beginning to 'hear' the voices in one's head, and the reader is thus tempted to read them out loud.

Although Vinaver's plays have been given large-scale productions in the major professional theatres of France, he himself prefers a simple production style, uncluttered by grand theatrical effects. This makes the plays, especially the chamber plays in this volume, particularly suitable for performance by students and amateurs. Because they deal with everyday situations, they seldom demand complicated stage sets. Many of them include a number of young characters, suitable for interpretation by students, whose language follows the rhythms of everyday speech and therefore requires no special vocal skills or delivery. The work of rehearsing and moving these plays involves thinking about language: about how we use it to make sense of our lives and how our accounts of the world and of ourselves are coloured by the other people in whose company we live. As such, it is a kind of work that is open to anyone and can be rewarding whatever the level of ultimate achievement in performance.

The quality that comes out strongly in performance of these plays is their humour. Because it is quiet, ironic humour, it does not necessarily strike the reader immediately; but when the dialogue comes to life, so do the incongruities and ironies of juxtaposition (see the examples quoted below on pp. 40-1). When describing his function as a writer, Vinaver is fond of denying any resemblance to the role of missionary or teacher. On the contrary, he suggests, a better model is that of the jester:

> celui à qui il est non seulement permis mais demandé de distraire en
> disant ce que personne n'ose imaginer, de nommer l'innommable,
> de jeter le ferment des changements à venir, de bousculer les
> perspectives.[22]

As examples of people who have successfully fulfilled this role, he cites Picasso and Chaplin. Approached in this light, the experience of producing or acting in one of Vinaver's plays is one that is constantly enlivened by moments of ironic humour and the discovery of a richness in the texture of the dialogue that was only partially apparent on the page.

The humour that arises from juxtaposition and the apparently inconsequential nature of the dialogue are qualities that students may be expected to take in their stride. Paradoxically, these qualities may pose greater problems to professional actors, especially those trained in the school of Stanislavski, who expect to be able to use a text to 'build a character'.[23] This is because, although the language used by the characters is an everyday language and requires no special vocal delivery, it is not structured in the same way as it is in everyday life, and therefore offers no easy purchase to the actor specialised in imitating characters from life.

Jean-Pierre Ryngaert has explored this problem in an article entitled 'Jouer le texte en éclats' ('Performing a fragmented text').[24] He points out that in Vinaver's dialogues the normal rules of conversation are not respected: in ordinary, everyday life these rules have to do with the *subject* of the conversation and the *turns* taken by the speakers. In normal conversation there is at least a rudimentary agreement among the speakers as to what they are talking *about*. The development of the conversation takes place by a process in which each speaker seeks to inflect, develop, or sometimes even to change the subject, so that although neither will be in complete agreement about what they are talking about, there are large areas of overlap in their separate understandings of the subject of their discussion.

In Vinaver's dialogue, however, it is often difficult for the audience to identify a single subject of discussion; each speaker may seem to be talking about something quite different, and this sense that they are talking at cross purpose is only increased by the fact that occasionally their remarks combine to create unexpected meanings, often ironic, for the audience. An example is the opening of the second sequence of *Les Travaux et les Jours*, in which Anne is sympathising with Jaudouard about the cold he has caught, and Yvette is talking to a customer on the phone about a broken coffee grinder:

JAUDOUARD: Ce n'est pas un rhume des foins

ANNE: Ce grog va quand même vous faire le plus grand bien

YVETTE: Ça peut provenir de plusieurs causes il faut démonter pour voir

ANNE: Sous la chemise l'hiver vous devriez porter un de ces dessous en flannelle pour les bronches au Bazar de l'Hôtel de Ville

Although the conversation between Anne and Jaudouard is clearly separate from that between Yvette and the customer on the phone, Yvette's comment suggests a mechanical approach to Jaudouard's cold which has an ironic effect, making it difficult to sympathise with him on a human level and emphasising the silly side of Anne's recommendation for flannel vests. This kind of ironic counterpointing, learned from T.S. Eliot, is never far from the surface of Vinaver's dialogue and can also be a factor within a single speech. In *Dissident, il va sans dire*, sequence no.5, when Hélène says to Philippe: 'Toute ta vie tu mangeras la salade avec tes doigts? Tu as toujours fait les meilleures rédactions de ta classe', the juxtaposition of maternal worry and pride, of 'salade' and 'rédactions' provokes ironic amusement because of the inappropriateness of the implied connection between them.

Another quality of ordinary conversation that is deliberately distorted by Vinaver's dialogue is the convention of 'taking turns'. For a conversation to take place at all, there has to be a certain (normally tacit) agreement between the speakers that they will speak one after the other, not both at once, and that each will shape their statements in the light of what the other has just contributed to the dialogue. In other words, each speaker talks *to* someone in a process that is, necessarily, sequential. But in much of Vinaver's dialogue, the audience can never be sure who will speak next, nor to whom their words will be addressed. Sometimes their words appear to remain suspended in mid-air, waiting for their subject to emerge, or for the person to whom they should be addressed to be listening.

The result is that, in Vinaver's theatre, dialogue takes on a sort of independent logic of its own. It is a logic which seeks to create a montage that respects the truth of everyday conversation (in the choice of words spoken, subjects dealt with, etc.) but also respects the multiplicity of viewpoint and preoccupation that is involved when two or more people talk together. Instead of sacrificing this complexity for a 'realistic' conversation, in which a single line of discussion is pursued, Vinaver's montage of dialogue recreates for his audience an image of several different preoccupations, desires, ideas, all struggling for their right to articulation in the space set up by the network of the characters' relationships with one another.

This fragmentary nature of Vinaver's dialogues creates difficulties for the actor trained in the Stanislavskian tradition of naturalistic character depiction. The naturalistic acting tradition (i.e. the one that seeks to imitate as closely as possible the way people behave in real life) depends fundamentally on building up a coherence (or, in Stanislavki's own term, a 'through line') of action. This enables the actor to structure his performance in such a way that each movement or speech builds naturally to the next so as to create a quality of self-evidence in the behaviour of the character in question. But the performer in a Vinaver play has to be able to switch from one mood or one situation to another with no build-up or preparation, in order to achieve the effect of a contradictory montage. Moreover, the actor cannot rely on the logic of a developing discussion to provide a transition from one mood to another as the naturalistic actor can, since the dialogue often refuses to provide that kind of logic. Equally, he cannot simply throw his naturalistic acting technique to the winds, since, as we have seen, Vinaver's dialogue remains strictly within the field of the everyday – in other words no stylised short-cuts will work.

Ryngaert's solution to this puzzle is to suggest that the actor needs to develop the ability to produce sudden bursts of high energy. He needs to be able to be completely in role for a particular speech, or emotion, without benefit of a slow build-up or provocation from the other characters on stage with him at the time. This type of acting dispenses with all the usual use of pauses in naturalistic acting, where the pause is often the moment when the actor draws attention to himself and manifests an activity that will set his speech in context, enable the audience to 'read' it in a particular light. Ryngaert suggest a sporting metaphor for understanding what is involved for a cast of actors:

> Il faut que la balle circule vite et que chaque joueur qui la touche doit être immédiatement au mieux de ses possibilités, mais qu'il doit relâcher aussi vite son énergie. La seconde utilisée à rassembler l'énergie, à exprimer le plaisir d'avoir la balle, ou à commenter le

jeu, est de trop. En revanche, ne faire qu'effleurer la réplique risque
de ne pas suffire à produire les effets de sens, à faire partager les
ambiguités et les subtilités du montage textuel.[14]

He then goes on to point out that this leaves unanswered the oldest
problem for the actor: 'What am I supposed to do when I'm on stage but
not speaking?' The naturalist solution, which is to find an activity that
expresses something of the character's hidden life, will not do because it
implies a continuity and consistency that is denied by Vinaver's fragmented, discontinuous dialogues. Neither can Vinaver's actor rely on
listening, with an attentive air, to what the others are saying, since many
of their speeches are not supposed to concern him.

Ryngaert's solution is to suggest what he calls:

Un jeu "lacunaire", qui ne tomberait pas dans le piège de vouloir
régler tous les problèmes de sens mais qui rendrait compte du
personnage et de sa réalité par un travail similaire sur le fragment.[26]

In other words, the actor needs to find a performance style that matches
the discontinuities of the dialogue, not 'smoothing it out' by filling in the
gaps with naturalistic business but using the contradictions, gaps and
discontinuities to suggest that what is shown to the audience is just the tip
of the iceberg, leaving much that remains hidden. If it can be achieved,
this playing style will allow the performer to make the most of those
disconcerting moments when a juxtaposition of speeches sparks off an
ironic resonance that is all too clear to the audience, but that cannot be
grasped by the characters on stage. This high energy performance style,
switching rapidly from one mood to another in the same way that a football
is passed around the field, is just the style of playing that often comes most
easily to student actors.

Some light is thrown on this process by the rehearsal diary of Françoise
Lebrun, the first Hélène in *Dissident*, which was published in *Travail
Théâtral*.[27] The diary makes moving reading, expressing the dismay of a
professional going through a confusing process in which all her normal
certainties about how to build a role are challenged. Her first impression
of the play was of something awkward, difficult, arousing a desire for
evasion: 'la difficulté d'aborder la première phrase. L'envie de rire pour
fuir le texte toujours.' (p. 71) This is followed, a few days later by a
fascinated discovery of the text's polyvalent ambiguities: 'Le sens se remet
en question presque chaque fois. Une lecture en cache une autre. Et cela
commence à bien m'intéresser.' (p. 72) As the rehearsals develop, she has
the experience of 'cette progression en dents de scie' (p. 76), in other words,
for each moment of improvement, there is a collapse, a failure. This is

perhaps not surprising since it mirrors the experience of the character herself, as defined by Ryngaert, oscillating between intense activity and moments of silence, almost of absence.

Vinaver himself has been closely involved with the staging of many of his plays. His preference is for productions that are attentive to the quality of the spoken text and his strictures are reserved for those who pay more attention to the spectacular elements (sets, costumes, etc.) than to the words. He has not been slow to criticise directors who treat the text as secondary to their own creative ideas and has written an article on 'la pathologie de la relation auteur – metteur en scène'.[28] But he has also maintained excellent working relations with certain directors. He has been particularly positive in his praise of productions by Sam Walters, director of the Orange Tree theatre in Richmond, London. The Orange Tree is an intimate theatre in the round. Watching a performance at this theatre, audiences feel so close to the action that they are almost part of it. Elements of scenery are kept to a bare minimum and all the emphasis is on the actors themselves. In Walters' production of *Les Travaux et les jours*, the set consisted simply of three desks with chairs, one for each of the secretaries, a work bench in one corner for Guillermo and a slightly raised area on one side which was identified with Jaudouard. Although each character had a kind of home base, none of these areas was strictly separated off from the others; they all merged, and the characters could move about freely between them.

Vinaver admired Walters' staging of *Les Travaux et les jours* because of the way it maintained the openness and ambiguities of the text. It respected the quality of the dialogue referred to above, where statements are allowed to 'float', so that the audience has to work out how they fit in the flow of conversation, without ever becoming distorted or unnatural. However, Vinaver is not, in principle, opposed to exciting use of the visual elements of theatre. He has, for example, collaborated closely with the stage designer Yannis Kokkos, who has designed the first productions of seven of Vinaver's plays, including *Dissident, il va sans dire* and *Les Voisins*. Kokkos' designs are characterised by an extreme expressive economy and the creation of a space that is uncluttered, leaving the stage to be filled by the actors. For *Dissident, il va sans dire*, his design expressed the feel of a standardised flat in a French HLM. In order to emphasise the rather 'boxed in' feeling, he constructed a complete room on the stage, leaving the spaces round the edges visible. Inside there was a minimum of furniture, suggesting the difficulties that both Hélène and Philipe have in creating a life for themselves that can inhabit this rather bleak space (see sketch by Kokkos on the cover of this edition).

The director who has been faithful to Vinaver's work over the longest period is perhaps Charles Joris, founder of the Théâtre Populaire Romand in the Swiss town of La Chaux-de-Fonds. One of Joris' first productions

was of *Les Coréens* (in 1959) and he is the only person so far to have had
the courage to produce Vinaver's great epic *Par-dessus bord* uncut (in
1983 - each performance lasted nine hours). In 1989 he directed the second
production of *Les Voisins* and it is interesting to compare this staging with
that of Alain Françon in Paris the previous year. Françon's production was
designed by Kokkos; the stage represented the shared terrace of the two
houses, whose backs were presented schematically, side by side as the
back wall of the stage space. Françon used a large blind, the size of the
proscenium arch, that came down at the end of each scene and shot up at
the beginning of the next. This functioned very rapidly, giving a cinematic
quality to the 'cuts' from one scene to another, especially in the second
act. By contrast, Joris' production was set in traverse, that is to say with
the audience sitting on either side of the playing space, facing one another.
The two houses were thus at either end of the stage, separated by the space
of the shared terrace between them.

The fact that both Françon's and Joris' productions were successful in
their own terms underlines the openness of Vinaver's theatre. Finding an
appropriate spatial dimension for a production is, of course, important, but
there is no one 'right' way to do it. The space has to be discovered afresh
for each new staging, and it needs to be developed as a function of the
relationships between the characters. These plays will benefit from simple
treatments that do not start from too many fixed ideas, but proceed by
exploring the text with an open mind, gradually defining the space and
movements between the characters at the same time as practising how to
speak the text. This is why they are accessible to amateurs as well as to
professionals and are rewarding to perform at whatever level.

The Plays

Dissident, il va sans dire

Vinaver's synopsis of the play runs as follows:

> Hélène et Philippe habitent ensemble, mère et fils. Attachants l'un et
> l'autre. Attachés l'un à l'autre. Mais lui passe aussi son temps à se dégager.
> D'elle. De la société. Du monde. Dissident il l'est avec passivité. Il parle
> mais se délie des paroles qu'il prononce. Disons peut-être que chez lui il
> n'y a pas adhérence. Il va. Il va sans dire. Elle n'est pas immobile, elle va
> et dit le discours 'des parents'. Elle le dit avec hésitation, ardeur, déli-
> catesse, discretion. Apparemment ça ne mène pas à grand chose. Ce qui
> se passe entre eux risque tout le temps d'être nul. Pourtant on n'est pas loin,
> entre eux deux, de ce qu'on pourrait appeler une passion, une intelligence.

As Vinaver's synopsis suggests, the thematic material of this play has to
do with belonging and not belonging. The shifting movement of the
dialogue suggests all the different links and dislocations that exist between
the mother and son, and between each of them separately and the society
around them. Vinaver's rather elliptical style of dialogue is particularly
appropriate for relationships such as these, in which each partner is
constantly hiding things from the other, and in which conventional words
constantly seem to let them down, failing to deliver what they appeared
to promise.

Part of the skill of reading this play lies in picturing the physicality of
the mother-son relationship. This, too, is elliptical, but nonetheless potent
for that. An example can be seen in scene ten, which concludes with
Hélène's shocked 'Tu es fou? Tu ne va pas me frapper', implying that, in
the scene that leads up to these words, Philippe has felt driven to violent
behaviour. Another is the last scene, where Philippe, on the run for drug
offences, has taken refuge with his mother and the police are already
knocking on the door. At this point, unexpectedly, they share a moment of
tenderness and forgivenenss. As so often in this play, this emotional mood
is expressed through an object: Hélène offers to put on one of Philippe's
records, the very records which had been a major source of arguments
between them earlier in the play.

A useful note for performing these texts was given by Vinaver in an
interview broadcast on France Culture in 1988, and reprinted with the text
of *Les Voisins* by the Théâtre Populaire Romand in 1989:

> Il y a comme un cliché qui veut que cette pièce [*Dissident, il va sans
> dire*] soit pleine de non-dit, et quand je dis que c'est un cliché, j'entends
> que ça ne veut rien dire pour moi. Parce que, au contraire, tout est dit.
> [...] Par contre, ce qu'on peut dire, c'est qu'il y a des blancs, dans le
> même sens que, quand Cézanne peint une toile, eh bien, il y a des parties
> de la toile qui restent intouchées, mais elles font partie du tableau. En
> fin de compte, il n'y a rien qui soit non-peint. Et je crois, d'une façon
> générale, qu'on se trompe si on cherche, soit un non-dit, soit une
> profondeur quelconque dans aucun de mes textes. Au contraire tout est
> en surface, et je crois surtout, puisqu'on parlait de l'interprétation et de
> mon problème par rapport à l'interprétation, que si j'avais une seule
> chose à demander aux acteurs qui s'attaquent à l'une de mes pièces,
> c'est qu'il faut prendre tout ce qui est dit au pied de la lettre, qu'il ne
> faut pas chercher ailleurs. (pp. 58-9)

In addition to what this adds to the remarks about staging Vinaver given
in section 5 above, this quotation also offers a helpful guide to how to interpret
these plays when reading them in the context of the classroom or the study.

Les Travaux et les jours

Vinaver's synopsis of the play:

> Anne, Nicole et Yvette répondent au téléphone ou par écrit aux réclamations des utilisateurs; Guillermo contrôle les appareils retournés à la société pour réparation; Jaudouard est le chef. A eux cinq ils composent le Service Après-Vente de la société Cosson.
>
> Cosson: une marque de moulins à café. Il y a des gens qui pour rien au monde ne moudraient leur café avec un appareil autre que Cosson. C'est plus que la reconnaissance d'une qualité. Un lien affectif existe. Une fidélité. Une mystique.
>
> Un lien de même nature caractérise le rapport entre le personnel et son entreprise. Quand on travaille chez Cosson, on est pris dans tout un réseau de sentiments qui débordent les limites d'un simple contrat d'emploi.
>
> La pièce explore le territoire amoureux qui se constitue entre les cinq employés du service, et entre ceux-ci, l'entreprise, et les clients. Les amours ne sont pas nécessairement heureuses. Le territoire en question est parcouru de tensions et de conflits. Au point qu'il se disloque ou se dissout, à la fin, sous la poussée de forces contraires. On s'aperçoit alors qu'une histoire s'est racontée.

This is a very much more complex play than *Dissident, il va sans dire*, largely because the permutations possible between five characters are so much greater than those between two. But its greater complexity can also be attributed to the fact that as well as concerning itself with individuals, the play charts a series of crucial developments in the corporate life of a manufacturing firm. The audience is constantly aware of the larger commercial dimension that shapes the directions of the individuals' lives, even those parts that they feel to be most private: their sexual and family relationships.

The method of construction is the contrapuntal one explained above (see p. xxv). We can see how it works by considering the juxtaposition of different themes. Scene six provides an example of the interweaving of different approaches to the principle theme: the role of work in an industrial society. The different approaches include: 1) ambition to climb the hierarchical ladders and personal worth measured in terms of business success, seen as a constant battle by the aptly named M. Bataille; 2) selfless devotion to an apparently gratuitous cause, as of Anne's friend Cécile, whose energies all go on the saving of the columns of the Parthenon; 3) loyalty to a family firm, as in the case of Guillermo; 4) the simple desire of Nicole for a decently paid job. All of these different attitudes are woven together, compared and contrasted, with additional fillets of detached but germane references to, for example, forced labour imposed on the population of Cambodia by Pol Pot and the contrast between a working life spent in the city, on the one hand, and in the country on the other. The whole scene is shot through with a secondary theme, that of sexual jealousy. Each character, at some point in the scene, worries about the sexual relations of another: e.g., Nicole worries that Yvette has slept with Jaudouard in order to keep her job; Jaudouard reproaches Guillermo with having slept with both Yvette and Nicole.

It is also possible to analyse the different characters in traditional terms, identifying their likes and dislikes, their strengths and weaknesses. But more rewarding than considering each one separately is to see how they behave as a group, forming alliances, breaking up, shifting, reforming in different configurations as the audience sees them experience the shifting fortunes of the Cosson company. Out of this emerges a kind of group voice, not unlike that found in Chekhov's plays, where our attention is constantly drawn to the way people behave in relation to one another, their families or households, rather than to individual character studies. In this process (as also in Chekhov) the audience witnesses a clash of different languages which are themselves rooted in different ways of understanding and making sense of the world they inhabit. At the end of scene two, for instance, there is a sequence in which all five characters are talking over an office party and the question of whether they have the right to pin pictures up on their walls. Guillermo talks the language of an old family retainer: as he says at the end of the play (p. 60, line 32), he joined the firm as one joins a religion; his mother had escaped from Franco's Spain when he was only one. The Spanish dictator having killed his father, he appears to have adopted Albert Cosson as a substitute father. Yvette is the opposite: young, unselfconscious, fired with love for Guillermo, she is not interested in security but is determined to get what she wants. Nicole (Guillermo's partner for many years) argues for the workers' rights and finds that she has no words to express her despair at Guillermo's impending sexual betrayal. Anne misses both things, intent on getting something done and on showing that she knows the ins and outs of the firm's hierarchies. Jaudouard speaks the language of the office manager who is trying to impose a set way of doing things and to avoid going outside the 'proper channels'.

Out of the frictions and juxtapositions of these thematic and linguistic elements, there emerges a dynamic picture of life in a typical office which might be part of an old family business anywhere in France during the past twenty years. The play presents with great clarity the incompatibility between those human values which we tend to impose on our workaday concerns, and the real forces that govern the commercial and economic conditions in which we live.

Les Voisins

Vinaver's synopsis of the play:

> Ils s'appellent Laheu et Blason. Ils habitent deux maisons jumelles, ce dernier avec sa fille, l'autre avec son fils. Les deux maisons ont une terrasse commune.
>
> Un lien de voisinage, quand ça s'y met, on ne fait pas plus fort; comme attache, c'est plus fort que le mariage, que l'amitié ou l'amour-passion; et puis, c'est autre chose.
>
> Il semble que rien ne puisse leur arriver, tellement ils sont bien calés dans leur microcosme, tous les quatre. Et puis il leur arrive des masses. Le monde extérieur leur tombe dessus. C'est un tourbillon, une tempête qui dévaste, arrache tout, qui dresse les deux bonshommes l'un contre l'autre dans un égarement sans nom; Alice et Ulysse, leurs enfants, on pourrait dire qu'ils s'accrochent, comme à un bout d'épave: s'engloutiront-ils?
>
> Et puis, qui aurait pu le prévoir? Le microcosme se recompose, le lien de voisinage se reforme, décidément il y a là quelque chose qui est plus fort que tout.
>
> Il suffit de dire ça et voilà qu'une nouvelle tornade... mais les choses cette fois tournent autrement.

Les Voisins centres on the same kind of closely knit group as the two earlier plays included in this edition; here it is two single fathers, Blason and Laheu, and their children, respectively Alice and Ulysse. The characters establish their identities through a process of combat or collusion with one another, a domestic process set within the microcosm of their semi-detached homes and shared terrace. Events from the outside world are not depicted on stage but are often the trigger that sets off a shift in the dynamics of the foursome. These dynamics range from loyalty, love, trust, to vulnerability, hatred and treachery.

At the start of the play both fathers have good, apparently secure jobs: Blason is an insurance broker with Macassin Frères, and Laheu is head of quality control at 'Universelle Biscuit'. The children are in their early twenties, plan to get married and run a restaurant together. Blason's wife was killed in a car accident when Alice was only four years old; Laheu has been abandoned by his wife some years previously. The four of them have come to rely on one another, though there is a pronounced contrast between the love-affair that develops between the two children and the violent ups and downs of the relationship between the two fathers. On special occasions the two families eat together and share their most treasured secrets, notably the fact that Blason is putting all his savings into buying gold, which he stores under one of the paving stones of the shared terrace.

The events of the play contain a 'whodunnit' element, something common to all of Vinaver's plays since 1985, which supplies an element of suspense to the plot. But it is not a traditional detective story, since the crime is never solved and the audience's interest is displaced, from wanting a solution to the crime, to seeing how it affects the lives of the four characters. It also charts a love story in the developing relationship between the children. Ulysse is closed in on himself, not unlike Philippe in *Dissident, il va sans dire*, whereas Alice is determined to share his world. Their relationship veers between moments of extreme tenderness and togetherness, and other times when the pain of loss or the sense of betrayal by their parents become almost unbearable.

The events of the play are divided into three acts. In the first, the four are sharing a dinner held to commemorate the death of Ulysse's pet dog Elisa; Ulysse is having some success as a salesman of dinner services and Blason reveals his latest purchase of gold, which Laheu helps him to hide. Act 2 covers a period of twelve months in ten short sequences. It begins on the day after Blason's home has been torn apart by thieves, who have stolen all the gold, and it shows the gradual estrangement of the two fathers as each suspects the other of trying to ruin him. It gradually emerges that the theft was the work of a local gang, in the pay of a certain Daphné, the owner of a gift shop with whom Ulysse has been doing business; suspicions and recriminations develop between the fathers, but the children remain united. At the end of the act Ulysse has lost his job and Alice has walked out of hers: they decide to set up a chip stall together. Their two fathers have fallen out irrevocably, finally coming to blows. The third act takes place a few months later. The fathers are now also jobless but have unexpectedly made up their quarrel. They have moved to live in adjoining huts, where they work in association, Laheu renovating second-hand furniture which Blason buys and sells. Their children have set up their stall and have acquired a new puppy. In an old sideboard, they discover a cache of gold coins; they decide to give the coins back to the old woman who had sold them the sideboard. As the play ends, Ulysse is brought in by Alice having made a suicide attempt.

In *Les Voisins*, Vinaver treats reality in an almost playful manner: what appears to be a simple story is constantly being questioned, turned back on itself, forced to change direction. The abstract pattern of the double is constantly clamouring for the audience's attention and the narrative structure is repeatedly problematized. The construction of the second act is particularly novel, showing brief, almost random glimpses of the year following the theft. Within each episode, it is perfectly clear why the characters behave the way they do, but the events of the separate episodes often seem to contradict one another. Vinaver is using a Brechtian technique in this act, surprising his audience, asking them to reconsider what had previously seemed obvious. In scene four, for example, Blason convinces Laheu that Ulysse could not possibly be guilty of the theft; in the following scene both he and Laheu argue the opposite.

The characters are more extreme, more fragmentary, and in the case of the fathers, more grotesque than those in the two earlier plays in this volume. Behind the figures of Blason and Laheu lurk the ghosts of Flaubert's Bouvard and Pécuchet, and in them one can detect their author's admiration for the *Dictionnaire des idées reçues*, Flaubert's great catalogue of the banalities of French life in the nineteenth century. In many ways they are very similar, being separated by qualities that they seem to cultivate in order to maintain their individuality. For example, Blason loves statistics, Laheu hates them; Blason is a hoarder; Laheu never has any money; Blason enjoys working with figures, Laheu enjoys working with his hands; Blason admires Monsieur Jonc, Laheu admires Monsieur Delorge. Through their differences and the ups and downs of their relationship, Vinaver generates a great deal of comedy, which the reviewers at the first production noted with surprise, not having seen Vinaver as a comic author before. In the *Figaro Magazine*, Jacques Nerson wrote:

> De ce fabliau, qu'on dirait inspiré de Labiche, Vinaver a tiré un bizarre vaudeville contemporain, acide, dérangeant, très subtil et follement drôle. (15 November 1986)

As well as being very funny, the play is one of great tenderness and of surprising thematic richness. Vinaver's encyclopedic eye for the details of lived experience in contemporary France ensures that an enormous variety of subjects emerge in the course of the dialogue, from the most banal, such as how to lay a table correctly, to the most profound, such as relationships between parents and children. But as in all of Vinaver's work, it is not a case of the banalities providing the background against which the profundities can emerge: on the contrary, everything is as significant as everything else, because each thing occurs as it does in real life, demanding instant attention, not ready sorted into value-governed hierarchies. Each theme is mirrored at a number of different levels. An example is the theme of 'la concurrence' – competitiveness: this is clearly central to the relationship between Blason and Laheu but is mirrored, at the level of big business, in the struggle between Jonc and Delorge. Again, it emerges at a trivial level in act III, as Alice and Ulysse discuss the sales potential of merguez sausages as against frankfurters. Into the texture of this deceptively light-hearted play, Vinaver has woven most of the concerns that characterise the European literary tradition: love, death, suicide, careers, success, failure, intrigues, deceptions, and the relationship between social status and private happiness or misery.

NOTES

1. 'Je crois qu'il faut se demander s'il [le théâtre] sera marxiste ou chrétien. Car il faut qu'il soit vivant, c'est-à-dire populaire. Pour vivre, il faut qu'il apporte à l'homme des raisons de croire, d'espérer, de s'épanouir.' *Le Théâtre Populaire* (Presses Universitaires de France, 1941), p. 17.

2. Vilar, J., *Le Théâtre, service public* (Gallimard, 1975) pp. 146-7.

3. Vinaver began his 'Auto-interrogatoire' (an interview of the playwright by himself dated 1973) with what he clearly felt to be the most awkward question that someone might put to him: 'N'y a-t-il pas contradiction entre vos positions politiques, telles qu'elles s'expriment dans vos pièces, et votre position professionnelle de dirigeant d'entreprise?' His answer was: 'Mes positions politiques? Justement, je n'en ai pas. En écrivant, non seulement je n'exprime pas des positions, mais écrire c'est pour moi chercher à y voir un peu plus clair. C'est "interroger" la réalité, notamment celle dite politique....'

The questioning voice returned to the attack: 'Donc, vous êtes dans le Système et vous le servez, tout en l'attaquant.' The answer was: 'Je ne l'attaque pas, j'essaie de le saisir, de l'appréhender, à partir de sentiments très melangés, tendresse et émerveillement, colère et révulsion, amusement...De gagner ma vie ainsi me permet de faire un théâtre sans souci, au départ, des possibilités pratiques d'exploitation, sans souci de rendement. Ce qui augmente ses chances d'être un théâtre d'innovation, donc de mise en cause du Système. Je n'essaie pas d'éluder la contradiction. Elle est le feu central.' *Ecrits sur le Théâtre* (L'Aire, 1982) pp. 303-4.

4. The other consisted of two short pieces by Nathalie Sarraute.

5. *Ecrits sur le Théâtre*, op.cit., p. 123.

6. Ibid. pp. 123-4.

7. Ibid. p. 130.

8. As an example of one of the book's 300 pages of groups of words, expressions, etc., some of the answers to 'Le Français, il est comment?', seem particularly relevant to the plays in this volume. See appendix for pp. 214-15 of the book.

9. *Théâtre Complet* vol.1 (Actes Sud/L'Aire, 1986) p. 17.

10. 'Etais-je "sous l'influence"?' in *Brecht après la chute* (L'Arche, 1993) p.148.

11. Albert Camus, *Carnets Janvier 1942 – Mars 1951* (Gallimard, 1964) p. 266.

12. *Poésie*, 31 (1984) p. 4.

13. Ibid.

14. *Travail Théâtral*, 30 (1978) p.70.

15. *Théâtre de Chambre* (L'Arche, 1978) p.71.

16. *Ecrits sur le Théâtre*, op.cit., p. 286.

17. Ibid., p. 315.

18. 'Il y des gens quit disent: "Que représente votre tableau?...Quoi?...Il y a une pomme, c'est entendu, il y a...Je ne sais pas...Ah! une assiette; à côté..." Ces gens-là ont l'air d'ignorer totalement que ce qui est ENTRE la pomme et l'assiette se peint aussi. Et, ma foi, il me paraît tout aussi difficile de peindre l'entre-deux que les choses. Cet "entre-deux" me paraît un élément aussi capital que ce qu'ils appellent l'"objet". C'est justement le rapport de ces objets entre eux et de l'objet avec l'"entre-deux"qui constitue le sujet.' Epigraph to *Iphigénie Hôtel*, in *Théâtre Complet I*, p. 277.

19. 'Mémoire sur mes travaux', unpublished dissertation (April 1986) p. 38.

20. *Ecrits sur le Théâtre*, op. cit., p. 132.

21. Examples are the plays of Heiner Müller or the late works of Samuel Beckett, both of which have exerted a strong influence on young writers in France.

22. *Ecrits sur le Théâtre*, op. cit., p. 316.

23. *Building a Character* is the title of one of Stanislavski's books, published by Methuen.

24. ' "Jouer le texte éclats." L'acteur et le théâtre de Michel Vinaver' in *Zeitgenossisches Theater in Deutschland und Frankreich/Théâtre contemporain en Allemagne et en France* (Francke Verlag, 1989) pp. 221-7. Ryngaert is Professeur d'études théâtrales at the University of Nantes.

25. Op. cit., p. 225.

26. Op. cit., p. 226.

27. Francoise Lebrun, 'Journal des répétitions', *Travail Théâtral*, 30 (1978) pp. 71-6.

28. In *L'Annuel du Théâtre 1981-2* (L'Aire, 1982) pp. 131-3.

SELECT BIBLIOGRAPHY

Published works by Michel Vinaver

Lataume (Gallimard, 1950).

L'Objecteur (Gallimard, 1951).

Les Coréens (Gallimard, 1956).

Iphigénie Hôtel (Gallimard, 1963).

Par-dessus bord (L'Arche, 1972).

La Demande d'Emploi (L'Arche, 1973).

Théâtre de Chambre (Dissident, il va sans dire; Nina, c'est autre chose (L'Arche, 1978).

Les Travaux et les jours (L'Arche, 1979).

A la renverse (L'Aire, 1980).

Les Histoires de Rosalie (Castor Poche Flammarion, 1980).

Le Livre des Huissiers (Limage-Alin Avila, 1981).

Ecrits sur le théâtre (L'Aire, 1982).

L'Ordinaire (L'Aire, 1983).

Les Français vus par les Français (Barrault, 1985) by Guy Nevers, alias Michel Vinaver.

Théâtre complet (2 vols.) (L'Aire and Actes Sud, 1986); volume 2 includes the first published text of *Les Voisins*.

Le Compte rendu d'Avignon: Des mille maux dont souffre l'édition théâtrale et des trente-sept solutions pour l'en soulager (Actes Sud, 1987).

L'Emission de télévision (Actes Sud, 1989).

Le dernier sursaut (Actes Sud, 1990).

Plays translated into English

Chamber Theater: Dissident, Goes without saying; Nina, It's different in *Drama in contemporary France*, ed. Philippa Wehle and trans. Paul Antal (P.A.J., New York, 1986).

The Neighbors in *The Paris Stage*, trans. Paul Antal (Ubu Repertory Theatre publications, New York, 1988).

Portrait of a woman in *New French Plays*, ed. David Bradby and Claude Schumacher and trans. Donald Watson (Methuen, 1989).

Video

Six heures en compagnie de Michel Vinaver (Production FALS'DOC, Paris, with Le Centre Culturel d'Annecy, 1987). NB a fifty-minute version is available on video-cassette from Le Centre d'Action Culturelle, Annecy.

Writings about Vinaver:

Barthes, R., 'Note sur *Aujourd' hui*', *Travail Théâtral* 30 (1978) pp. 58-60. Reprinted in *Théâtre Complet* vol.1.

Bradby, D., *The Theater of Michel Vinaver* (Michigan University Press, 1993).

────── *Modern French Drama 1940-90* (Cambridge University Press, 1991).

────── '"Entre le mythique et le quotidien": Myth in the theatre of Michel Vinaver' in *Myth and its making in the French Theatre*, ed. Freeman, E., et al. (Cambridge University Press, 1988) pp. 205-14.

────── '*L'Etranger* and *L'Objecteur*' in *Camus's L'Etranger: fifty years on*, ed. King, A. (Macmillan, 1992) pp. 65-75.

────── 'Casebook on Michel Vinaver', *New Theatre Quarterly* 27 (1991) pp. 261-83.

Elstob, K., *The Plays of Michel Vinaver: Political theatre in France* (Peter Lang, 1992).

Ertel, E., 'Itinéraire de Michel Vinaver', *Théâtre Public* 97 (1991) pp. 36-40.

Kokkos, Y., 'Théâtre de chambre: notes et relevés', *Travail Théâtral* 30 (1978) pp. 77-80.

Lamont, R., '"Des petits ébranlements capillaires", the art of Michel Vinaver', *Modern Drama* 28 (1988) pp. 390-94.

Lassalle, J., 'Envoi', *Travail Théâtral* 30 (1978) pp. 81-2.

Lebrun, F., '*Dissident, il va sans dire*: journal des répétitions', *Travail Théâtral* 30 (1978) pp. 71-6.

Rivière, J-L., 'Préface' to *Théâtre Complet* by Michel Vinaver, pp. 7-21.

Ryngaert, J-P., '"Jouer le texte en éclats": L'Acteur et le théâtre de Michel Vinaver' in *Zeitgenossisches Theater in Deutschland und Frankreich / Théâtre contemporain en Allemagne et en France*, ed. Floeck, W., (Francke Verlag, 1989) pp. 221-7.

Sarrazac, J-P., 'Vers un théâtre minimal' in *Théâtre de chambre* by Michel Vinaver, pp. 69-77.

────── *L'Avenir du drame* (L'Aire, 1981).

Ubersfeld, A., *Vinaver dramaturge* (Librairie théâtrale, 1989).

DISSIDENT, IL VA SANS DIRE

PIÈCE EN DOUZE MORCEAUX

First published in *Théâtre de Chambre*, Paris (L'Arche, 1978)

First produced at Le Petit TEP (Théâtre de l'Est Parisien), 14 February 1978. (This production won the Lugné-Poe prize and the prize for the best new French play awarded by the 'Syndicat de la Critique'.)

mise en scène	Jacques Lassalle
décor and costumes:	Yannis Kokkos
HÉLÈNE	Françoise Lebrun
PHILIPPE, *son fils*	Olivier Destrez

UN

HÉLÈNE: Elles sont dans la poche de mon manteau[1]
PHILIPPE: Non ni sur le meuble
HÉLÈNE: Tu es gentil
PHILIPPE: Parce que tu l'as laissée en double file?[2]
HÉLÈNE: Alors je les ai peut-être oubliées sur la voiture
PHILIPPE: Un jour on va te la voler
HÉLÈNE: Tu ne t'es pas présenté?
PHILIPPE: Mais si

1

HÉLÈNE: Je n'ai pas eu le courage j'ai tourné je ne sais combien de fois autour du bloc d'immeubles ça devient de plus en plus difficile

PHILIPPE: Je vais aller te la garer

HÉLÈNE: Encore un an et tu pourras passer ton permis[3]

PHILIPPE: Oui

HÉLÈNE: C'est un nouveau chandail?

PHILIPPE: Oui

HÉLÈNE: Je me demande d'où vient l'argent

PHILIPPE: On se les refile tu sais

HÉLÈNE: Mais quelqu'un l'a acheté

PHILIPPE: Les affaires circulent

HÉLÈNE: Mais c'est à qui?

PHILIPPE: Toi et ton sens de la propriété

HÉLÈNE: Les choses appartiennent à quelqu'un (*Philippe sort; Hélène prépare une soupe en sachet; Philippe entre.*) Je me demande si tu me dis la vérité

PHILIPPE: Je devais être crevé ça arrive j'ai pas entendu

HÉLÈNE: Je t'avais mis le réveil pour huit heures

PHILIPPE: Et tu m'avais préparé le café

HÉLÈNE: Mais c'est que tu t'en moques moi ça me sidère

PHILIPPE: Combien de fois déjà je me suis présenté? Pour quel résultat?

HÉLÈNE: C'est bon? Velouté de lentilles une nouvelle variété je m'étais dit qu'on allait l'essayer ça te plaît? Oui? Il suffit d'une fois Philippe et ça peut être la bonne ton père a répondu à une annonce et dix-huit ans après il y est encore il y a fait son chemin

PHILIPPE: Bonsoir maman

HÉLÈNE: Où vas-tu?

Noir.

DEUX

HÉLÈNE: Ça me fait mal de te voir affalé là parmi les disques tu sais ne pas avoir un but dans la vie

PHILIPPE: Je veux combattre pour la veuve et l'orpheline je veux caresser tes cheveux non laisse-toi faire[4]

HÉLÈNE: Sérieusement Philippe on peut manquer de tout mais si on s'est fixé un but

PHILIPPE: J'ai un but mais il est inaccessible

HÉLÈNE: Je voudrais

PHILIPPE: Comme ça je suis sûr de toujours l'avoir

HÉLÈNE: Et de n'arriver à rien?

PHILIPPE: Moi je voudrais deux choses que tu ne sois plus seule maman

HÉLÈNE: Avec toi je ne suis pas seule

PHILIPPE: Que tu te trouves un chouette mec[5]et que tu me laisses

HÉLÈNE: Quoi?

PHILIPPE: Tu sais bien

HÉLÈNE: Je te pèse?

PHILIPPE: Ce n'est pas ça

HÉLÈNE: Il y a longtemps que je n'essaie plus de t'influencer

PHILIPPE: Que tu me laisses être

HÉLÈNE: Si seulement tu te donnais un peu de peine le travail ne court pas les rues raison de plus ça m'est pénible de te voir qui ne cherches que du bout des doigts au lieu de prendre ça à bras le corps à ta place

PHILIPPE: Tu n'es pas à ma place

HÉLÈNE: Tu as fait faux bond à ton père[6] encore une fois et il avait retenu une table

PHILIPPE: Il a fait retenir une table par sa secrétaire dans un de ces bons bistros de quartier dont il tient la liste à jour dans son petit carnet j'y ai plus pensé

HÉLÈNE: Il m'a appelée cet après-midi à mon bureau il t'a attendu lui qui est si précis il pense que c'est moi qui t'empêche de le voir ça m'est agréable

PHILIPPE: Je n'ai rien à lui dire

HÉLÈNE: C'est ton père

PHILIPPE: Et puis?

HÉLÈNE: Tu as fini?

PHILIPPE: Il devrait comprendre à la longue

HÉLÈNE: Pour lui un rendez-vous c'est un rendez-vous

PHILIPPE: Et un fils c'est un fils

HÉLÈNE: Tu me ferais tellement plaisir si tu rangeais tous ces disques qui prennent la poussière sur le tapis

Noir.

TROIS

PHILIPPE: T'as l'air fatiguée ce soir

HÉLÈNE: Mais non pas plus que d'habitude

PHILIPPE: Tes cheveux l'habitude ça fatigue de plus en plus

HÉLÈNE: Il s'est mis à pleuvoir et je n'avais pas mon parapluie

PHILIPPE: Alors t'as fait des statistiques?

HÉLÈNE: Comment ça?

PHILIPPE: Comme d'habitude

HÈLÈNE: Eh bien oui

PHILIPPE: Ça sert à quoi une employée aux statistiques?

HÉLÈNE: On analyse les factures par secteurs de représentants

PHILIPPE: Qu'est-ce qu'on en fait?

HÉLÈNE: Ça permet de suivre l'évolution des ventes en plus et en moins suivant les secteurs par rapport à l'année précédente par rapport au budget bientôt ils vont mécaniser

PHILIPPE: C'est-à-dire?

HÉLÈNE: Ça passera sur ordinateur

PHILIPPE: Pourquoi?

HÉLÈNE: Pour que ça aille plus vite et que ça coûte moins cher

PHILIPPE: Pourquoi tu me déballes tout ton truc?

HÉLÈNE: Parce que tu me demandes

PHILIPPE: Et moi tu me demandes rien?

HÉLÈNE: Toi qui poses jamais de questions

PHILIPPE: Tu remarques rien?

HÉLÈNE: Qu'est-ce qu'il y a? Tu me fais peur

PHILIPPE: Parce que je te pose des questions?

HÉLÈNE: Il fallait lui dire quelque chose à ton père alors c'est arrangé demain soir il t'emmène au cinéma

PHILIPPE: Voir quoi?

HÉLÈNE: Tu sais qu'il revient d'une longue tournée en Afrique n'oublie pas de lui demander comment il va tous ces déplacements avec son diabète

PHILIPPE: Demain soir? Je ne suis pas libre

HÉLÈNE: Ah écoute

PHILIPPE: Tais-toi et regarde

HÉLÈNE: Mais

PHILIPPE: C'est une surprise eh bien ouvre

HÉLÈNE: Des truffes au chocolat mais tu es fou?

PHILIPPE: C'est pas ce que t'aimes le plus au monde?

HÉLÈNE: Si

PHILIPPE: La dernière fois qu'il m'a emmené au cinéma c'était un film sur le Chili il veut à tout prix me convertir à ses idées progressistes moi j'ai rien à en foutre du Chili demain j'entre à l'essai en équipe de nuit j'ai trouvé du travail

Noir.

QUATRE

HÉLÈNE: Je revis maintenant je peux te le dire c'est vrai je me faisais du mauvais sang ce n'est pas tellement l'argent mais l'oisiveté c'est terrible pour un jeune et de te voir qui t'inquiétais

PHILIPPE: Tu trouvais que je m'inquiétais pas assez faut savoir qu'est-ce que tu veux de moi?

HÉLÈNE: Mais rien

PHILIPPE: Dis pas n'importe quoi

HÉLÈNE: Pourquoi me crier dessus? Tout va si bien je suis si heureuse

PHILIPPE: Tu vois que le bon côté des choses autant dire que tu vois rien du tout

HÉLÈNE: J'essaie tu sais que la R 4 est irréparable ou plutôt il y en a pour quatre mille francs et le garagiste m'a dit qu'elle n'en vaut pas autant il m'en a offert deux cent cinquante je les ai pris et pour commencer à dépenser cette fortune j'ai acheté un gros saucisson

PHILIPPE: Ça va nous durer des siècles

HÉLÈNE: Une rosette de Lyon [7]

PHILIPPE: Et si je m'en vais?

HÉLÈNE: Quand?

PHILIPPE: L'année prochaine

HÉLÈNE: Où?

PHILIPPE: On est en décembre

HÉLÈNE: Tu viens de trouver du travail

PHILIPPE: Je voudrais trouver une vallée

HÉLÈNE: Une vallée?

PHILIPPE: Fermée des deux bouts

HÉLÈNE: Moi qui n'ai jamais eu un accident d'ailleurs je ne crois pas aux accidents et puis tu vois je suis saine et sauve le médecin dit que personne n'est à l'abri d'un étourdissement j'ai acheté aussi une bouteille de vin le flic était tout étonné parfois je me demande où tu vas tirer tes idées au lieu de t'intéresser

PHILIPPE: A quoi?

HÉLÈNE: Mais à mille choses à tout ce qui t'entoure mais j'ai décidé de ne pas la remplacer non on ne trouve pas à garer et le métro finalement c'est aussi rapide et puis

PHILIPPE: Tu aimes tant conduire

HÉLÈNE: Avec ton argent quand on aura économisé et économisé à l'hôpital le médecin n'en revenait pas même pas une côte brisée pas une dent cassée alors que le choc mais pas un souvenir non plus je ne saurai jamais ce qui m'est arrivé

PHILIPPE: Avec mon argent

HÉLÈNE: Tu nous en rachèteras une

PHILIPPE: Silencieuse

Noir.

CINQ

PHILIPPE: C'était Simon?

HÉLÈNE: Tes copains ne disent pas leur nom ils entrent et ils sortent ils ne me disent pas bonjour non plus

PHILIPPE: C'était qui alors?

HÉLÈNE: Je leur ouvre ils ne me voient pas

PHILIPPE: Tu n'es pas exactement accueillante avec eux

HÉLÈNE: Je t'ai dit ce que je pense de leur façon d'être on existe

PHILIPPE: Il a dit que je pouvais passer chez Simon et c'est tout?

HÉLÈNE: Je ne comprends pas ce que tu leur trouves à ces garçons

PHILIPPE: Arrête

HÉLÈNE: Il a dit chez Simon ou si Simon n'est pas là chez Patricia

PHILIPPE: Patricia?

HÉLÈNE: Je crois qu'il a dit Patricia et il a dit avant midi

PHILIPPE: J'y vais

HÉLÈNE: Non Philippe d'abord tu vas déjeuner nous allons déjeuner je t'attendais tu sais regarde et avant de te mettre à table écoute

PHILIPPE: Quoi?

HÉLÈNE: Enlève ta canadienne tes gants tes mains tu peux les laver

PHILIPPE: J'ai surtout envie de dormir

HÉLÈNE: Alors tu n iras pas?

PHILIPPE: Je m'en fous

HÉLÈNE: Tu as été confirmé?[8]

PHILIPPE: Comment?

HÉLÈNE: Ça fait un mois aujourd'hui que tu es entré

PHILIPPE: Ah oui

HÉLÈNE: Alors?

PHILIPPE: Tiens c'est ma paie

HÉLÈNE: Oh

PHILIPPE: Prends

HÉLÈNE: Je ne t'ai rien demandé

PHILIPPE: Ça fait un drôle d'effet hein?

HÉLÈNE: Maintenant que tu tiens le bon bout j'ai le droit de rêver n'est-ce pas? J'aimerais que tu trouves un travail un peu moins abrutissant où tu puisses faire travailler ta tête un petit peu

PHILIPPE: Pas si vite

HÉLÈNE: Toute la vie tu mangeras la salade avec tes doigts? Tu as toujours fait les meilleures rédactions de ta classe

PHILIPPE: Cette robe on l'a assez vue

HÉLÈNE: Mais tu ne me regardes jamais

PHILIPPE: Achète-toi une autre robe

HÉLÈNE: Philippe

PHILIPPE: Fais-toi belle mes copains te regarderont

HÉLÈNE: Ah oui?

PHILIPPE: Dans le temps tu avais une robe blanche tu devrais aller chez le coiffeur qu'il te fasse une frange et qu'il te coupe tout ça on voit pas ton visage ton cou

HÉLÈNE: Peut-être que je me cache mais toi

PHILIPPE: Montre-toi

HÉLÈNE: Tu as beaucoup maigri tes yeux tes arcades sourcilières tes pommettes

PHILIPPE: Jamais je me suis mieux senti papa m'a dit que j'étais un beau gaillard à son image

HÉLÈNE: Ah il voulait te parler

PHILIPPE: Il m'a parlé

HÉLÈNE: Alors?

PHILIPPE: Il m'a dit qu'il y avait de la place dans son affaire pour un jeune gaillard plein d'avenir comme moi comment est-ce que tu as pu?

HÉLÈNE: Quoi?

PHILIPPE: Approcher un mec pareil

HÉLÈNE: Tu me fais mal

PHILIPPE: Je veux savoir

Noir.

SIX

HÉLÈNE: Tu sais que grand-mère n'allait pas bien du tout

PHILIPPE: Elle est morte?

HÉLÈNE: Elle n'en pouvait plus

PHILIPPE: Je ne travaille pas cette nuit on s'est mis en grève je t'emmène bouffer dehors et puis on va au cinéma

HÉLÈNE: Tu ne m'as pas entendue tu choisis bien ton jour

PHILIPPE: Grand-mère est morte

HÉLÈNE: Quand même oui

PHILIPPE: Mais pas nous

HÉLÈNE: Sais-tu ce que tu dis?

PHILIPPE: Vous êtes belle Madame aujourd'hui

HÉLÈNE: Figure-toi que j'ai pleuré

PHILIPPE: On peut quand même aller au ciné

HÉLÈNE: Je ne l'aimais pas on croit qu'on n'aime plus sa mère non ce soir je crois que je veux c'est stupide rester ici me recueillir c'est stupide

PHILIPPE: Vous êtes très belle

HÉLÈNE: Vous êtes drôle vous Monsieur

PHILIPPE: Il y a un film super au coin de la rue

HÉLÈNE: Tu ne m'as jamais invitée au cinéma

PHILIPPE: Je veux sortir avec une chouette dame

HÉLÈNE: Il est temps que tu te trouves une petite

PHILIPPE: Et toi un monsieur bien sous tous les rapports

HÉLÈNE: Quelquefois je me demande si tu es sérieux en disant ça et où tu en es avec les filles

PHILIPPE: Ou bien si je suis pas un homosexuel

HÉLÈNE: Tu ne me dis jamais rien

PHILIPPE: Je te dis tant de choses tout le temps

HÉLÈNE: Oui à moi de démêler

PHILIPPE: Je te dis de te trouver un mec il y a des agences qui utilisent un ordinateur

HÉLÈNE: Je sais tout finit par passer sur ordinateur ils viennent de l'installer le nôtre dans un local air conditionné

PHILIPPE: Trouve-toi un chouette d'opérateur

HÉLÈNE: Peut-être pendant les trois mois qui viennent ils vont roder le programme on va continuer à sortir les statistiques manuellement en parallèle la machine va sortir les mêmes chiffres c'est pour vérifier si tout fonctionne comme il faut après les trois mois il n'y aura plus que le programme d'ordinateur

PHILIPPE: Donc

HÉLÈNE: Heureusement tu as ton emploi

PHILIPPE: Oui heureusement

HÉLÈNE: Qu'est-ce qui te fait rire?

PHILIPPE: Vive les presses de chez Citroën

Noir.

SEPT

HÉLÈNE: Si je me posais des questions? Oui bien sûr tu ne m'as pas donné l'habitude de te voir disparaître plusieurs jours sans prévenir

PHILIPPE: Non je n'ai pas faim je crois que je vais aller dormir

HÉLÈNE: Mais avec quels copains?

PHILIPPE: Le contremaître a une maison à la campagne lui et deux autres mecs m'ont dit viens j'y suis allé on a un peu fait la bringue[9] la grève ça permet de connaître les gens on ne se parle pas tellement on peut pas se parler d'ailleurs le bruit est tel et quand la sirène gueule on se barre[10] tous sans un mot le lendemain on se retrouve sur les machines

HÉLÈNE: Je croyais que vous occupiez l'usine

PHILIPPE: Oui par roulement

HÉLÈNE: Mais vous êtes restés trois jours à la campagne?

PHILIPPE: Oui tu sais moi cette grève je sais pas les Algériens l'ont prise en main ça dégénère

HÉLÈNE: Pourquoi vous la faites?

PHILIPPE: Au départ c'était contre les cadences et le nombre de décibels et puis le contremaître a une fermette dans la Beauce[11] ses parents étaient cultivateurs

HÉLÈNE: J'ai reçu une lettre de ton père je te la lis «ma chère Hélène, je t'écris ce mot pour te dire que je virerai à ton compte chèque postal tous les mois la somme de quatre cent cinquante francs au lieu de trois cent soixante-quinze francs comme jusqu'à présent. Comme il se doit j'augmente tes mensualités étant donné que j'ai reçu une promotion. Tu sais que sans avoir le titre j'assurais les fonctions de directeur de l'exportation. Maintenant ils m'ont nommé directeur de l'exportation en titre et ont revu mon salaire en conséquence. Il n'est que normal que Philippe et toi en profitiez. Je vais bien et j'espère que toi pareillement.»

PHILIPPE: Comme il se doit[12]

HÉLÈNE: Il utilise souvent cette expression

PHILIPPE: Il n'est que normal[12 bis]

HÉLÈNE: Ton père a le culte de la correction

PHILIPPE: Il me disait approche et pendant qu'il me tapait dessus

HÉLÈNE: Tu ne pleurais jamais

PHILIPPE: J'étais occupé à lui ouvrir la tête et à pétrir sa cervelle avec mes doigts je ne sentais pas les coups du tout

HÉLÈNE: Que je suis bête instinctivement je cherchais les clés[13] de la voiture

PHILIPPE: Tu sors?

HÉLÈNE: Je ne sais pas où j'ai la tête j'ai oublié ce que j'allais faire

PHILIPPE: Acheter du pain

HÉLÈNE: Pas besoin de la voiture pour aller chercher du pain

PHILIPPE: Tu n'as jamais besoin d'un homme?

HÉLÈNE: Tu es un homme presque déjà

PHILIPPE: Dans un lit

HÉLÈNE: C'est autre chose

PHILIPPE: Alors tu sors?

HÉLÈNE: Ça me revient il faut que j'aille rendre visite à Mme Tossu elle est à l'hôpital

PHILIPPE: Qu'est-ce qu'elle a?

HÉLÈNE: Un cancer au cerveau elle est perdue

PHILIPPE: Pour qui?

Noir.

HUIT

PHILIPPE: Et tu vas te chercher un autre boulot?

HÉLÈNE: Pas tout de suite il y a tant de choses que je voudrais faire depuis si longtemps et que je remets d'année en année et ces disques

PHILIPPE: Je vais les ranger

HÉLÈNE: Tant de choses que je ne sais pas trop quoi je vais pouvoir réaliser mon rêve six mois de liberté oh tu ne peux pas imaginer

PHILIPPE: Tu supporteras de rester sans travailler?

HÉLÈNE: Je retravaillerai mais d'abord de longues longues vacances je me promènerai j'irai dans les bibliothèques tu sais quel est mon grand regret? je ne te vois jamais avec un livre

PHILIPPE: Ma tête est deja trop pleine

HÉLÈNE: De quoi?

PHILIPPE: J'ai mon livre dans la tête complet

HÉLÈNE: Comment s'appelle-t-il?

PHILIPPE: Pas de titre

HÉLÈNE: Ecris-le

PHILIPPE: Je veux le vivre

HÉLÈNE: Qu'est-ce que ça veut dire?

PHILIPPE: Si tu comprends pas

HÉLÈNE: Il ne suffit pas de rêvasser quand tu étais petit tu écrivais sans arrêt je suis sûre que si tu avais persévéré

PHILIPPE ; Arrête

HÉLÈNE: Ta vie tu la laisses glisser entre tes doigts saisis-la fais-en quelque chose

PHILIPPE: Je vais te la montrer ma vie regarde

HÉLÈNE: Je regarde

PHILIPPE: La pièce arrive devant toi sur la chaîne[14]

HÉLÈNE: Oui

PHILIPPE: Je la pose comme ça je l'introduis

HÉLÈNE: Oui et puis?

PHILIPPE: Il y a une pédale qu'on actionne du pied la presse descend plomp je retire la pièce la chaîne amène une autre pièce

HÉLÈNE: Et puis?

PHILIPPE: Et plomp

HÉLÈNE: Et c'est ta vie?

PHILIPPE: Tu t'es acheté la robe blanche

HÉLÈNE: Hier je n'ai pas passé l'aspirateur tu sais je sens que je change

PHILIPPE: Tu t'es acheté la robe blanche

HÉLÈNE: Cette paire de sabots aussi

Noir.

NEUF

PHILIPPE: Tu pleures écoute c'est pas grave je peux leur dire de plus venir

HÉLÈNE: Chez nous tes amis sont chez eux je t'ai déjà dit

PHILIPPE: On peut s'installer ailleurs

HÉLÈNE: Comment on?

PHILIPPE: Je ne sais pas moi

HÉLÈNE: Ils sont quatre dans ta chambre dont une fille je leur ai fait à manger ils me l'ont demandé ils me disent bonjour maintenant je lui ai fait la remarque l'autre jour au grand bouclé

PHILIPPE: Simon

HÉLÈNE: Mais eux ne travaillent pas?

PHILIPPE: Ils n'ont pas tous la chance que j'ai eue

HÉLÈNE: Ils sont deux à dormir sur ton lit depuis sept heures ils avaient l'air éreintés

PHILIPPE: Tu es une chouette de mère

HÉLÈNE: Mais est-ce que ce sont des amis?

PHILIPPE: Comment ça?

HÉLÈNE: Oui ils ne te ressemblent pas je vais te dire je ne suis pas contente qu'ils aient une clé de la maison

PHILIPPE: Je vais t'expliquer

HÉLÈNE: Quand je suis rentrée du bureau je les ai trouvés là installés

PHILIPPE: Ah oui j'ai vu papa il m'a fait une grande leçon de socialisme il m'a raconté qu'il a fait ta connaissance par le socialisme

HÉLÈNE: Il aimerait tant te faire partager ses idées

PHILIPPE: Tu y crois encore au socialisme?

HÉLÈNE: Avant j'ai milité je suis pour la lutte contre les privilèges

PHILIPPE: Lesquels?

HÉLÈNE: Le pouvoir absolu des patrons

PHILIPPE: Et lui c'est pas un patron qui commande? Pendant qu'il parlait j'entendais rien je regardais son nez je peux plus le voir je le verrai plus

HÉLÈNE: Tu ne peux pas mettre en doute sa sincérité

PHILIPPE: Il t'a abandonnée

HÉLÈNE: Ça ne marchait plus je suis plus heureuse maintenant c'est dur mais j'aime mon indépendance

PHILIPPE: Mais tu l'aimes encore

HÉLÈNE: Ça n'a rien à voir tu ne vas pas retrouver tes copains?

PHILIPPE: Mme Tossu est passée je lui ai dit que je la croyais à l'hôpital elle a ouvert de grands yeux

HÉLÈNE: Elle est sortie

PHILIPPE: Elle n'y a jamais été elle a dit qu'elle était dans le quartier alors elle en profitait pour t'apporter la dentelle elle a dit que tu la paieras la prochaine fois et qu'elle attend de très belles couleurs elle te les montrera la prochaine fois qu'est-ce que tu as été te faire faire à cet hôpital ? Qu'est-ce que tu vas en faire de cette dentelle?

HÉLÈNE: Une nappe pour nos dimanches

Noir.

DIX

PHILIPPE: Ça a été un dîner sinistre

HÉLÈNE: Parce que tu faisais la gueule mais comment l'as-tu trouvé?

PHILIPPE: Débile

HÉLÈNE: Moi il me plaît bien il correspond bien à ce que j'avais demandé

PHILIPPE: Cette façon de tout inspecter comme s'il faisait l'inventaire de ce qui déjà lui appartient

HÉLÈNE: Il aime les idées les livres les promenades à pied à la campagne

PHILIPPE: Il n'a pas ta classe tu le domineras et puis tu t'ennuieras plus que quand tu es seule

HÉLÈNE: Alors peut-être j'ai mal décrit à l'ordinateur ce qu'il me fallait

PHILIPPE: Et tu es arrivée plus d'une demi-heure en retard

HÉLÈNE: Sans le savoir j'ai peut-être fait exprès

PHILIPPE: J'ai dû lui tenir la jambe à ce tonton[15]

HÉLÈNE: Oui exprès

PHILIPPE: Je m'inquiétais

HÉLÈNE: Pour moi?

PHILIPPE: Après cet accident que tu as eu

HÉLÈNE: Mais je n ai plus de voiture

PHILIPPE: Mais ces étourdissements?

HÉLÈNE: J'ai toujours été distraite

PHILIPPE: Je sais ce que tu me caches et tu vas te marier avec ça?

HÉLÈNE: Pauvre idiot tu ne me crois pas c'est cette histoire de Mme Tossu? Tu sais je ne vois jamais rien sur cette grève ni dans les journaux ni aux actualités

PHILIPPE: Ce ne sont que deux ateliers ça ne suffit pas pour arrêter l'usine je peux t'assurer

HÉLÈNE: Mais j'ai aussi téléphoné chez Citroën[16]

PHILIPPE: Ils t'ont dit n'importe quoi

HÉLÈNE: Je ne sais pas Philippe tu ne manges plus ces poches sous les yeux et ton père a téléphoné il voulait savoir pourquoi tu lui as demandé de l'argent

PHILIPPE: Il est plein aux as toi tu es au chômage

HÉLÈNE: Mais qu'est-ce qui nous manque? Je touche mes quatre-vingt-dix pour cent[17]

PHILIPPE: C'est entre lui et moi

HÉLÈNE: Après tout ce que tu as dit de lui?

PHILIPPE, Oui je le vomis

HÉLÈNE: C'est cohérent? Mais qu'est-ce que tu fais? Tu es fou? Tu ne vas pas me frapper

Noir.

ONZE

PHILIPPE: Tu reviens de l'hôpital?

HÉLÈNE: Comment faire pour te faire croire que je n'ai rien? Tu imagines et ça commence à m'agacer quand je suis rentrée ta chambre était pleine

PHILIPPE: De quoi?

HÉLÈNE: De tes copains couchés par terre et une fille qui avait l'air de dormir debout

PHILIPPE, Patricia

HÉLÈNE: Tu es amoureux d'elle?

PHILIPPE: Je l'adore

HÉLÈNE: Elle est très belle mais pourquoi une seule fille avec tous ces garçons?

PHILIPPE: Ils ont leurs copines ils ne les amènent pas

HÉLÈNE: Mais que viennent-ils tous faire ici?

PHILIPPE: On discute

HÉLÈNE: Puisque tu le connais ce contremaître tu pourrais lui parler tu pourrais lui demander de te faire muter dans un autre atelier

PHILIPPE: Oui c'est une bonne idée

HÉLÈNE: Maintenant que cette grève est finie

PHILIPPE: Oui

HÉLÈNE: Il y a des travaux moins abrutissants toi qui as une bonne tête

PHILIPPE: Oui

HÉLÈNE: Si tu t'en donnais la peine il y a mille façons de se faire valoir simplement il faut

PHILIPPE: Un but dans la vie il reste encore un peu de ce saucisson?[18]

HÉLÈNE: Juste un dernier petit bout

PHILIPPE: Ç'aura été un bon achat

HÉLÈNE: Ce livre tu devrais essayer de l'écrire

PHILIPPE: Et il fera sûrement un gros tirage tu sortiras la nappe de dentelle je te paierai une voiture de sport papa viendra avec le parti socialiste j'inviterai mon contremaître il y aura des truffes au chocolat et la télé il y aura la télé

HÉLÈNE: Je rachèterai une rosette de Lyon

PHILIPPE: Et tous tes fiancés

HÉLÈNE: On les mettra en rangs d'oignon

PHILIPPE: Patricia dansera Patricia est une super-danseuse

HÉLÈNE: L'argent

PHILIPPE: Quoi?

HÉLÈNE: Tu sais bien

PHILIPPE: Non

HÉLÈNE: Il n'y est plus

PHILIPPE: J'ai oublié de te dire

HÉLÈNE: Qu'est-ce que tu en as fait?

PHILIPPE: Je te le rendrai

HÉLÈNE: Tu l'as pris

PHILIPPE: C'est pas grave

HÉLÈNE: Mes économies tu as tout pris?

PHILIPPE: Un copain qui a des problèmes

HÉLÈNE: Sans me dire?

PHILIPPE: Tu l'auras avant la fin du mois

Noir.

DOUZE

HÉLÈNE: Oui je dormais

PHILIPPE: Pardon de te réveiller

HÉLÈNE: Cinq heures du matin je peux te faire quelque chose à manger?

PHILIPPE: Je n'ai pas faim

HÉLÈNE: Tu viens de loin?

PHILIPPE: C'est Simon qui nous a donnés[19]

HÉLÈNE: Tu n'as plus de joues elles ont fondu tes yeux se sont creusés

PHILIPPE: Pas de courrier? Qu'est-ce que c'est?

HÉLÈNE: Le faire-part de Mme Tossu et tes *Charlie-Hebdo*[20] il y en a trois je ne t'ai pas vu depuis près d'un mois

PHILIPPE: Mais t'as déclaré à la police

HÉLÈNE: Mais pas tout de suite je suis d'abord allée au service du personnel de l'usine

PHILIPPE: Ils t'ont dit

HÉLÈNE: Que tu es resté en tout trois semaines inscrit à leurs effectifs je vais te faire une tasse de café

PHILIPPE: Oui et toi çà va?

HÉLÈNE: Comme tu vois

PHILIPPE: Je te rapporte une partie de l'argent

HÉLÈNE: J'ai été à son enterrement

PHILIPPE: Personne n'est passé ici?

HÉLÈNE: Tes copains?

PHILIPPE: J'ai froid

HÉLÈNE: Enroule-toi dans cette couverture je vais te chercher des chaussettes de laine

PHILIPPE: Çà c'est nouveau

HÉLÈNE: Pour notre départ elles nous ont offert un pot à Liliane Isabelle et moi les collègues du service elles m'ont fait cadeau de cette lampe de chevet articulée

PHILIPPE: Elles savaient que tu aimes lire au lit

HÉLÈNE: Oui

PHILIPPE: Maintenant tu es libre

HÉLÈNE: Je pourrai m'occuper de toi tant que tu es ici

PHILIPPE: Si je reste ici ils viendront me cueillir

HÉLÈNE: Ils sont déjà venus plusieurs fois j'imagine qu'ils surveillent la maison

PHILIPPE: Ils ne t'ont pas embêtée?

HÉLÈNE: Ils m'ont emmenée déposer au commissariat ils ont été plutôt attentionnés ils ont quand même fouillé l'appartement ils ont lu toutes les lettres que je gardais ils ont éventré ton matelas ton sommier

PHILIPPE: Qu'est-ce qu'ils t'ont dit?

HÉLÈNE: Casse de plusieurs pharmacies et que trois membres de votre bande sont déjà arrêtés

PHILIPPE: Et puis?

HÉLÈNE: Vol avec effraction usage et traffic de stupéfiants

PHILIPPE: Des mots qui font mal hein?

Sonnerie de la porte.

HÉLÈNE: Déjà

PHILIPPE: Tu vas pouvoir te racheter une voiture

HÉLÈNE: Tu crois?

PHILIPPE: Ça te sera quand même plus commode

Sonnerie et coups à la porte.

HÉLÈNE: Quelle marque tu me conseilles?

PHILIPPE: La nouvelle R 5 tu sais

HÉLÈNE: Avec protection latérale de bas de caisse[21]

PHILIPPE: Je voulais te revoir tu sais je savais qu'ils viendraient

Coups à la porte.

HÉLÈNE: Ne t'en fais pas pour moi

PHILIPPE: Ni toi pour moi

HÉLÈNE: On les fait encore un peu attendre hein?

PHILIPPE: Oui un petit moment

HÉLÈNE: Je te mets un disque?

Noir.

FIN

Applique-toi de bon cœur aux travaux convenables pour qu'en sa saison le blé qui fait vivre emplisse tes granges. C'est par leurs travaux que les hommes sont riches en troupeaux et en or; rien qu'en travaillant ils deviennent mille fois plus chers aux Immortels.

Hésiode, *Les Travaux et les jours*, VIIIᵉ s. av. J.-C.

Si en avint si grant pestilence et si grant persecucion que onques puis les terres ne rendirent as laboureors lor travaus, car puis n'i crut ne blé ne autre chose, ne li arbre ne porterent fruit, ne en l 'eve ne furent trové poisson se petit non. Et por ce a len apelee la Terre Gaste, por ce que par cel dolereus cop avoit esté agastie.

La Queste del Saint Graal, XIIIᵉ s.

Les conditions de travail, de communication et d'échange d'une société se transforment. Il dépend de la sagesse des hommes que l'informatique apparaisse comme une contrainte nouvelle et pesante ou comme un moyen de libération [...] Une période de l'histoire de l'humanité s'achève: une autre s'ouvre. Il importe que nous gardions la maîtrise de ces changements [...] Pour contribuer à cet objectif, le président de la République a souhaité que soit organisé un Colloque International sur l'Informatique et la Société. Il s'agit d'ouvrir un large débat public sur ce thème qui imprègne tous les futurs imaginés.

André Giraud, ministre de l'Industrie, 20 juin 1979

Et plût au ciel que je n'eusse pas à mon tour à vivre au milieu de ceux de la cinquième race, et que je fusse ou mort plus tôt ou né plus tard. Car c'est maintenant la race du fer. Ils ne cesseront ni le jour de souffrir fatigues et misères, ni la nuit d'être consumé par les dures angoisses que leur enverront les dieux. Du moins trouveront-ils encore quelques biens mêlés à leurs maux. Mais l'heure viendra où Zeus anéantira à son tour cette race d'hommes périssables: ce sera le moment où ils naîtront avec des tempes blanches. Le père alors ne ressemblera plus à ses fils ni les fils à leur père.

Hésiode, *Les Travaux et les Jours*

LES TRAVAUX ET LES JOURS

Pièce en Neuf Morceaux

A la mémoire d'Eugène Vinaver, 1899-1979[1]

First published by L'Arche (Paris, 1979)

First produced at Centre Georges Pompidou, Paris, 7 March 1980, in a co-production by Le Théâtre Éclaté d'Annecy and Théâtre Ouvert.

mise en scène	Alain Françon
décor	Ernest Pignon-Ernest
ANNE, *40 ans*	Anouk Ferjac
NICOLE, *30 ans*	Emmanuelle Stochl
YVETTE, *20 ans*	Maria Descroche
employées au Service Après-Vente	
de la société Cosson	
GUILLERMO, *42 ans, anciennement ouvrier*	
réparateur, actuellement préposé au contrôle	
d'arrivée des révisions au Service Après-Vente	Jean-Louis Jacopin
JAUDOUARD, *45 ans, chef de service*	Daniel Dubois

Un espace de bureau ouvert, équipé de cloisons métalliques basses qui donnent leur configuration aux postes de travail, et auxquelles sont accrochés les éléments de classement et de rangement.

Mobilier métallique en équerre pour les trois employées, avec machine à
écrire et téléphone. Un accessoire permet de caler l'écouteur sur l'épaule.
Un établi métallique avec petit outillage pour Guillermo.
Mobilier métallique standard pour le chef de service.

UN

NICOLE: On lui a déjà changé le moteur trois fois

YVETTE: J'ai cru mourir

NICOLE: Un moulin neuf modèle Aristocrat au prix du Standard c'est l'offre exclusive Cosson à ses fidèles clientes chaque fois qu'il s'agit d'un cas irréparable

YVETTE: Oui au fond du couloir c'est moche d'être belle c'est pareil et si je me défends

ANNE: Ça lui arrache les entrailles il faudra qu'elle s'y fasse

NICOLE: Profitez-en la vitesse n'est pas plus grande c'est même le contraire mais pour la préservation de l'arôme l'Aristocrat est plus performant vous serez émerveillée du silence de cet appareil votre carrosserie toute cabossée j'ai votre fiche sous les yeux trois fois qu'on lui a changé le moteur la première fois il y a sept ans

YVETTE: Amoureuse?

ANNE: De Guillermo

YVETTE: Oui

ANNE: A quitté son mari pour lui[2]

Jaudouard se penche sur le travail d'Yvette.

JAUDOUARD: Chez Beaumoulin peut-être on répond comme ça chez Mixwell peut-être qu'on répond comme ça[3]

ANNE: Mais pourquoi qu'elle s'achète pas un chien?

JAUDOUARD: Il faut pas avoir peur quand je m'approche de vous

YVETTE: Une étape

ANNE: Je croyais

YVETTE: Elle qui habite toute seule et c'est en pleine campagne

ANNE: Faut aimer les bêtes

NICOLE: Ça vous reviendra moins cher que je lui ai dit c'est pas une question d'argent qu'elle a dit j'y suis attachée mon mari qui est mort qui me l'a donné à l'époque on gagnait pas des masses c'était une folie

YVETTE: Déjà oui une page qu'on tourne

NICOLE: Complètement amoureuse des chuchotis des machins[4]

ANNE: T'y crois?

JAUDOUARD: Chez Beaumoulin chez Mixwell pas chez Cosson

ANNE: Mais c'est pas vivable ça

NICOLE: Pourtant je te jure

JAUDOUARD: Il faudra que vous l'acquériez ça s'acquiert le style de la maison[5]

YVETTE: Mais où c'est que vous voyez des excuses dans ma lettre?

JAUDOUARD: Je ne suis pas un méchant loup chez Cosson on ne s'excuse pas on explique

ANNE: Ça ne va pas?

NICOLE: Il me l'a donné pour mes vingt-deux ans on s'est mariés on avait vingt ans on n'avait pas réfléchi il était violent pas rancunier mais tourne-toi qu'il disait[6]

ANNE: Mais fais donc attention

JAUDOUARD: Et c'est trop long beaucoup trop long pas besoin de rajouter ces arguments chez Cosson on est bref

NICOLE: Tout ce qui lui tombait sous la main chaque fois qu'il était pas d'accord

JAUDOUARD: On est bref très personnalisé très attentif et bref

YVETTE: Bref oui je vois ces deux dernières lignes sont inutiles

ANNE: Mais oui elle a perdu la tête et lui aussi

JAUDOUARD: Ça s'acquiert un ton déférent et incisif sans jamais être abrupt le ton le style de la maison

NICOLE: Mais l'émail regardez dit-elle l'émail est intact il me l'a jeté à la figure trois quatre fois après les disputes c'était magnifique on s'aimait comme des fous et elle voulait savoir si moi aussi et quand je lui ai dit que je suis mariée moi aussi

JAUDOUARD: Chez Cosson on ne répond pas comme ça Anne mon oiseau montrez-lui comment on répond chez Cosson faites-lui voir un certain nombre d'exemples

ANNE: Nicole n'arrête pas de lui montrer Monsieur Jaudouard faut qu'elle s'imprègne ça se fait pas en un mois

YVETTE: Corps et âme le corps aussi bien que l'âme

ANNE: Tu me fais envie

YVETTE: Un très vieux pharmacien me l'a dit

ANNE: Et ça s'appelle?

YVETTE: Tu l'as vu?

NICOLE: L'émail aujourd'hui ne tiendrait pas comme ça

JAUDOUARD: Qu'est-ce qu'elle a dit?

ANNE: Elle a dit que sur un appareil fabriqué aujourd'hui l'émail

Jaudouard, Yvette.

JAUDOUARD: L'émail résisterait exactement de la même façon Mademoiselle le procédé de fabrication d'aujourd'hui n'a pas changé de ce qu'il était à l'origine de la maison Cosson[7]

YVETTE: Le procédé de fabrication est resté exactement le même

JAUDOUARD: Exactement

YVETTE: Oui Monsieur

JAUDOUARD: Vous avez un contrat temporaire ici petite qui expire

YVETTE: Ce dix février si vous le laissez expirer j'ai besoin de travailler

JAUDOUARD: Quand on a besoin de travailler alors comme ça on dit qu'on a besoin de travailler

YVETTE: Je suis soutien de famille maman avait un bon salaire je vous ai dit elle est morte

JAUDOUARD: Tu[7bis] m'as dit oui qu'elle est morte si on a besoin de travailler ce serait pas une mauvaise idée de faire ce qu'il faut pour qu'on veuille vous garder

YVETTE: Je ne donne pas satisfaction?

JAUDOUARD: Je ne dirai pas que le Service Après-Vente est le service le plus important de la maison

YVETTE: Je m'efforce je m'occupe d'un petit frère

JAUDOUARD: M. Albert qui est mort il y a huit ans le papa de M. Pierre M. Pierre on ne le voit jamais au contraire de M. Albert M. Albert c'était rare qu'il ne s'arrête pas chez nous une fois ou deux dans la semaine l'Après-Vente Jaudouard tu vois il me tutoyait c'est le coeur je ne dis pas que c'est l'organe le plus important l'entreprise a aussi besoin de jambes et de bras et de poumons et d'estomac mais quand ici on répond au téléphone ou quand on écrit à une cliente qui est en difficulté et une cliente qui s'adresse à nous est toujours une cliente en difficulté quand elle s'adresse à nous c'est qu'elle a besoin d'être aidée rassurée c'est la façon dont on lui répondra qui fera qu'elle s'attachera davantage encore à Cosson ou qui la détachera pour la rejeter vers Mixwell ou Beaumoulin

YVETTE: Je crois que je suis aimable Monsieur et qu'aucune cliente ne s'est plainte de moi

JAUDOUARD: Voilà il faut réfléchir bien réfléchir

YVETTE: Vous sentez l'ail excusez-moi

JAUDOUARD: Le petit croûton frotté d'ail dans la salade

YVETTE: C'est olfactif[8]

JAUDOUARD: N'importe qui peut être aimable il faut qu'il y ait le ton un ton qui nous distingue de tous les autres un ton fait de courtoisie et de fermeté le client doit sentir que nous sommes sûrs de notre qualité supérieure à toute autre en même temps que nous sommes prêts à lui apporter un service attentif à ses besoins et personnalisé

Yvette et Guillermo, les doigts s'enlaçant et se délaçant, tous les gestes du désir.

YVETTE: Il m'a tutoyée il s'est mis contre moi il m'a dit que j'avais un peu moins d'un mois pour montrer si j'étais capable de m'imbiber je suis amoureuse

GUILLERMO: Elle viendra

YVETTE: Quoi?

GUILLERMO: Un jour l'habitude

YVETTE: Il m'a tenu des discours c'est toi que j'entendais dis-moi quelque chose

GUILLERMO: Tu t'y feras

Anne croque une pomme: Nicole à plat ventre sur un bureau.

NICOLE: Non je ne supporterai pas

ANNE: Quel nom?

NICOLE: Raguet de Bordeaux elle m'a cloué le bec j'ai pas pu dire un mot

ANNE: Raguet l'année dernière ou il y a deux ans

NICOLE: Tu as eu affaire à elle?

ANNE: Il s'amuse Nicole c'est de la simple cruauté pense que c'est un Espagnol ça n'ira pas plus loin parce que Guillermo oh mais tu as mal (*elle lui masse le cou*) parce que tu as une mauvaise position quand tu tapes on oublie qu'on n'a qu'une seule colonne vertébrale faire souffrir ils ont ça dans le sang[9]

NICOLE: Je l'ai vu tremblant

ANNE: Guillermo est un garçon sérieux et puis Jaudouard ne laissera pas faire

NICOLE: Tu as vu toi aussi?

ANNE: Oui et la petite n'est qu'une temporaire

NICOLE: Il se frotte à elle *He rubs up against her*

ANNE: Là où je rigole

NICOLE. Avec ses explications sur ce qui fait l'image de marque de Cosson il la confirmera tu verras

ANNE: Laisse aller ce muscle détends-toi depuis qu'il a remplacé M. Benin

NICOLE: M. Benin était infiniment plus humain

ANNE: C'est surtout qu'il veut pas d'histoires avec la promotion prochaine de M. Célidon

NICOLE: Tu crois qu'il a des chances qu'on le nomme à sa place?[10]

ANNE: De M. Célidon?

NICOLE: C'est une jupe en vrai tweed d'Ecosse que t'as là oh que j'aime cette couleur ça promet de beaux jours

ANNE: Ils le nommeront pas Nicole avec Cécile on en parlait jamais ils voudront le faire cadre mais M. Célidon c'est sûr qu'ils le font passer à la Direction des Ventes ils veulent élargir son expérience je disais à Cécile que s'ils bougeaient Jaudouard parce qu'il est question de le muter dans un autre service

NICOLE: Si Jaudouard est transféré et que c'est pas toi qu'ils nomment moi je dis que toute autre solution ça serait injuste et inacceptable

ANNE: Sauf que de nommer une femme tu sais bien que ça leur vient même pas à la tête[11]

NICOLE: C'est peut-être à nous de leur mettre dans la tête ça et autre chose oui quelques autres

ANNE: Cette idée de syndicat ici personne comprendrait ça tu t'y brûlerais les ailes laisse aller tu la sens cette omoplate comme elle est encore nouée

NICOLE: Peut-être que le seul moyen de leur faire comprendre c'est de le faire

Guillermo est entré.

GUILLERMO: Vous n avez pas vu M. Jaudouard?

ANNE: Et qu'est-ce qu'il en pense notre Guillermo?

NICOLE: Qu'est-ce qu'il en aurait pensé ton père Guillermo? Toi tu penses autre chose Guillermo il pense

ANNE: Mais laisse-le dire ce qu'il pense

GUILLERMO: Vous n avez pas vu M. Jaudouard?

NICOLE: Tu vois?

GUILLERMO: Pourquoi tu parles de mon père?

NICOLE: Il a pas été tué pour ses idées?

GUILLERMO: C'est Mme Serge qui demande M. Jaudouard

NICOLE: Mort dans les cachots de Franco[12]

GUILLERMO: Pour lui remettre une note de service[13] de M. Bataille

NICOLE: Après avoir fait ce petit garçon

YVETTE: Cosson Après-Vente à votre service je vous écoute quel est votre numéro de référence?

ANNE: Je ne sais pas encore

NICOLE: Mais c'est pour quand?

GUILLERMO: Pour une petite fête

ANNE: Oui j'espère

YVETTE: Trois semaines c'est le délai normal notre usine est dans les Vosges Madame les réparations se font à l'usine il faut compter avec les délais d'acheminement

NICOLE: Guillermo et moi là-dessus on n'est pas d'accord pour Guillermo la direction doit savoir ce qu'elle fait donc elle a toujours raison

GUILLERMO: Ce qui compte c'est pas avoir d'histoires

ANNE: C'est un sage Guillermo

GUILLERMO: On a déjà assez de problèmes

Jaudouard est entré.

JAUDOUARD: Je vous lis une note de service veuillez faire savoir à votre personnel que la direction invite le personnel du Siège à prendre un verre autour de son président-directeur général M. Pierre Cosson pour le féliciter d'avoir remporté le tournoi de golf des Cinq Continents le pot[14] aura lieu dans le hall d'entrée mardi prochain à dix-sept heures trente la demi-heure non travaillée ne sera pas récupérée signé Charles Bataille directeur administratif et financier

DEUX

JAUDOUARD: Ce n'est pas un rhume des foins

ANNE: Ce grog va quand même vous faire le plus grand bien

YVETTE: Ça peut provenir de plusieurs causes il faut démonter pour voir

ANNE: Sous la chemise l'hiver vous devriez porter un de ces dessous en flanelle pour les bronches au Bazar de l'Hôtel de Ville[15]

YVETTE: Dans les Vosges vous pouvez compter sur notre diligence

ANNE: Ça s'est fait comme ça? Tout d'un coup?

NICOLE: Le matériel photo ça ne payait plus il s'est mis conducteur de poids lourds je ne le voyais jamais avec Guillermo j'ai refait ma vie

YVETTE: C'est normal surtout si vous consommez beaucoup de café le moteur au bout de quatre ou cinq années

ANNE: Comme on prend un virage il l'a quand même dite cette petite phrase

NICOLE: Sur les marges on ne pouvait plus se battre il fait les grands transports internationaux moi non plus

YVETTE: Quoi Nicole?

NICOLE: Je ne répondais plus à son attente immobile au milieu du tourbillon

YVETTE: Nicole qu'y puis-je?

ANNE: Vous avez déjà une meilleure tête c'est votre sinusite elle vous reprend tous les hivers

JAUDOUARD: Mais vous avez quand même une opinion?

ANNE: Cette petite est mignonne elle a de la jugeotte de la vivacité elle a besoin de gagner sa vie comme la plupart des jeunes elle est indifférente à ce qu'elle fait étourdie en tout cas pas taillée pour ce genre de travail on dirait que ça vous a quand même dégagé les narines vous respirez

YVETTE: Même quand vous le mettez sur la position de réglage extra-fin?

GUILLERMO: C'est parti du petit tour qu'il a fait dans les bureaux après le pot

NICOLE: Je dis que c'est inacceptable on n'est pas du bétail

JAUDOUARD: A l'autre bout du fil une cliente

ANNE: Sent quand la personne qui lui répond n'est pas engagée à fond

GUILLERMO: Ça fait plus d'un an qu'il n'avait pas mis les pieds à notre étage

ANNE: Mignonne et imperméable à l'esprit du service c'est sans doute ce que vous avez cherché

JAUDOUARD: Quoi donc?

ANNE: Renouveler l'air il ne faudra pas trois mois avant qu'elle ait détruit un climat qui est le résultat de dizaines d'années d'effort c'est peut-être pour le mieux je n'ai pas à juger

YVETTE: Tu ne me réponds pas

NICOLE: On croit qu'on aime les situations franches on s'aperçoit qu'on s'accommode Cosson Après-Vente à votre service je vous écoute

YVETTE: Et M. Célidon?

ANNE: Jaudouard a bien essayé de le faire intervenir auprès de Mme Serge

NICOLE: C'est un faible Célidon avant qu'il aille se mouiller

JAUDOUARD: Cette petite a des capacités si seulement on arrive à la dresser

ANNE: Vous y arriverez à voir comment vous la prenez entre vos mains notez je ne suis pas convaincue qu'elle ne préfère pas être prise en main par Guillermo

JAUDOUARD: Vous n'êtes pas objective Anne

ANNE: Non je suis une femme n'est-ce pas

JAUDOUARD: Qui parle d'une autre femme

ANNE: Et j'ai quarante ans et elle vingt et c'est tant mieux puisqu'il faut prendre un virage vous l'avez entendue la petite phrase?

GUILLERMO: Il a dit quand on aborde un virage le père de M. Albert M. Martial c'était le petit-fils de M. Théophile qui a fondé la maison et dont le fils Louis était le père de M. Martial

ANNE: Célidon je ne sais pas si c'est un faible en tout cas c'est pas son intérêt de s'impliquer dans les problèmes du petit personnel c'est un HEC16 il sait qu'il est parti pour gravir les échelons et même Jaudouard

YVETTE: Il n'écoute pas Jaudouard

GUILLERMO: Quand M. Martial a été amputé de la jambe droite en 1915 et condamné à mort par contumace en 1945 deux semaines après M. Albert est revenu de son Oflag il a pris en main la maison reconstruit l'usine dont il ne restait rien après les bombardements américains[17] je lui tournais le dos je ne suis pas sûr que ce sont exactement ses mots

NICOLE: Il a dit je remercie le personnel de m'avoir permis grâce à ses efforts de gagner ce tournoi de golf dont le prestige au niveau international rejaillit sur l'entreprise qui porte mon nom mais qui est la vôtre[18]

ANNE: Que c'est grâce au dévouement de l'ensemble du personnel que Cosson a atteint cette dimension mondiale

GUILLERMO: A connu ce développement en flèche

NICOLE: Qui conduit tout naturellement à se poser des questions sur la meilleure manière d'aborder l'avenir

ANNE: Un avenir lourd d'incertitudes

GUILLERMO: Il a dit lourd de menaces

NICOLE: Il a dit qu'il faut prendre le virage

ANNE: Il écorchait ses mots c'était pitoyable

JAUDOUARD: N'avait pas suffisamment répété c'est M. Bataille qui l'a rédigé

NICOLE: T'as vu la tronche que tirait Mme Serge?[19]

ANNE: C'est clair qu'elle désapprouvait chaque mot qu'elle entendait

NICOLE: Elle l'a bien elle la photo de sa famille accrochée à son mur

GUILLERMO: Dans un cadre en argent massif de chez Christofle que M. Albert lui a remis pour ses vingt-cinq ans de maison c'était l'année d'avant que M. Albert tombe de cheval en 1969

YVETTE: Sur votre bon de garantie il devrait y avoir le tampon du détaillant avec la date vous n'avez pas de tampon avec la date? Elle dit qu'il s'est mis à faire un bruit d'avion à réaction et que le détaillant n'a pas daté son bon de garantie

NICOLE: Il n'y a rien dans le règlement intérieur qui interdise de décorer son coin

ANNE: Mais Célidon n'interviendra pas

JAUDOUARD: Ça vient d'en haut ça vient du sommet ça vient de M. Pierre

NICOLE: Monsieur Jaudouard vous qui avez la confiance de Mme Serge si vous en touchiez un mot directement à Mme Serge?

JAUDOUARD: Pour que M. Célidon apprenne que j'ai court-circuité la voie hiérarchique?

NICOLE: Mais vous êtes d'accord qu'on ne peut pas accepter?

GUILLERMO: Quand il s'est écrasé contre un rocher ça a été une perte M. Albert c'était une tête deux ans après l'inauguration de la nouvelle usine il sortait le premier prototype de moulin électrique

ANNE: M. Bataille est beaucoup plus souple c'est lui qui pourrait en parler à M. Pierre

NICOLE: Mais comment accéder à M. Bataille?

ANNE: Je peux en dire un mot à Cécile

YVETTE: Un bruit d'avion à réaction dans un cas pareil qu'est-ce qu'on répond?

NICOLE: Demande à M. Jaudouard

YVETTE: Il ne broie plus il concasse

GUILLERMO: Il avait bu plusieurs coupes de champagne il allait de bureau en bureau sa coupe de champagne à la main jusqu'à ce qu'il se campe devant le poster de Johnny Halliday qui fait bien un mètre cinquante et Odile a dit qu'elle n'aimait pas Johnny alors M. Pierre s'est tourné il a dit que lui non plus il n'aimait pas Johnny il a dit ce ne sont plus des bureaux ce sont des souks on se croirait à la Casbah faudra me nettoyer ça Monique a dit que c'était son droit d'aimer qui elle voulait et que c'était son poste de travail Odile qui aurait mieux fait de se taire mais elle avait trop bu a dit que regarder Johnny lui donnait la migraine et elle et Monique travaillent sur le même fichier-clients impossible de séparer leurs postes de travail

YVETTE: Je n'ai rien d'autre à te dire je l'aime je le veux pour moi

NICOLE: Et lui?

YVETTE: Demande-lui moi je n'arrive pas à lui faire dire

ANNE: Si j'en parle à Cécile et si Cécile lui en touche un mot à M. Bataille Célidon n'en saura rien c'est peut-être le moyen

JAUDOUARD: Célidon fera des suppositions

GUILLERMO: Avec M. Albert une histoire pareille n'aurait pas pris ces proportions parce que M. Albert il se tenait proche du personnel il avait un mot pour chacune il connaissait le prénom des enfants et leurs maladies

YVETTE: Coucher avec lui il sent l'ail quand même je crois bien qu'il faudra

GUILLERMO: Quoi?

YVETTE: C'est simple Guillermo ouvre les yeux sors de ton passé pour me faire confirmer

GUILLERMO: Non

YVETTE: Et de quel droit tu dis ça?

NICOLE: Nous vous le remettons à neuf

YVETTE: Je te veux tellement fort

NICOLE: Et quand l'appareil vous sera retourné

ANNE: Un après-midi en soixante-huit il passait dans les bureaux il m'a filé une enveloppe ça m'a doublé mon salaire du mois ton sourire passe bien au téléphone il m'a dit

YVETTE: De là à interdire la moindre carte postale

GUILLERMO: Tout ça parce qu'il y en a toujours quelques-unes qui passent la mesure

NICOLE: Les mots sont pauvres Guillermo

GUILLERMO: Ecoute

NICOLE: Il faut quand même les utiliser j'imagine que pour toi c'est pas facile

GUILLERMO: Attends je reviens

NICOLE: En tout cas moi je te dis que je n'en ferai pas une maladie peut-être un suicide mais pas une maladie

TROIS

YVETTE: Les mecs avec qui j'ai fait l'amour avant toi

ANNE: Je regrette

YVETTE: C'étaient des copains de classe puis des copains de bal de vélo

NICOLE: Anne il me hait cet homme comme il hait Guillermo

ANNE: Non il faut comprendre il a des soucis

NICOLE: J'aimerais savoir lesquels

ANNE: Mais nous n'avons plus de service de dépannage à Paris non même pour les cas les plus simples toutes les réparations se font à l'usine dans les Vosges je comprends parfaitement que vous insistiez de votre côté il faudrait que vous compreniez

YVETTE: De toute façon des copains on s'entendait bien et puis moins bien et quelquefois très bien

GUILLERMO: Aux Puces de Montreuil[20] dimanche matin au milieu d'un amas de ferraille sans le tiroir ni la manivelle un vieux reste de moulin ça a été une grosse émotion

ANNE: Mais nous ne pouvons faire que ce qu'il est possible de faire elle dit qu'elle est l'ambassadrice de France en URSS et qu'elle n'est de passage à Paris que pour huit jours

GUILLERMO: A dix mètres je l'ai reconnu avant de voir j'ai senti je me suis senti comme pris dans le champ d'un aimant

YVETTE: J'ai décidé que tu seras mon maître je serai ta servante Guillaume cœur de lion je ne serai jamais ta belle

JAUDOUARD: Si c'est l'ambassadrice qu'elle s'arrange avec son ambassade ils le lui renverront par la valise diplomatique

YVETTE: La dame de tes rêves c'est Cosson tu es à sa dévotion

ANNE: Elle pense qu'il suffirait d'un simple réglage l'ambassadeur se fait son café lui-même dans son bureau très tôt le matin pour le moudre il lui faut son Cosson il n'a jamais utilisé autre chose qu'un Cosson

YVETTE: Ces gens-là pourraient peut-être se payer un deuxième appareil

GUILLERMO: Comme un rêve si beau qu'on a peur de se réveiller le premier modèle Cosson dessiné par le fondateur M. Théophile en 1869 c'est combien? Vingt francs vingt francs cette carcasse? Douze francs douze francs ? Allez votre chemin seize francs

NICOLE: Guillermo pourrait le réparer

GUILLERMO: Si M. Jaudouard le permet personne n'aurait besoin d'aller raconter la chose à M. Célidon

NICOLE: Dans un cas pareil autant se montrer un peu souple Guillermo tout le monde sait que c'est le meilleur réparateur de chez Cosson

JAUDOUARD: Fallait qu'il accepte de partir dans les Vosges

GUILLERMO: Le miracle dans le débarras d'une ferme en Normandie il y a cinq ans j'avais trouvé une manivelle de ce même modèle le seul exemplaire entier connu est au musée des Arts et Métiers

NICOLE: C'est quand même une pitié Mme Serge elle-même le dit

YVETTE: On n'est pas fait pareil Guillermo tu as réfléchi qu'on n'a rien en commun c'est comme l'huile et le vinaigre quand on melange

NICOLE: D'ici un an ou deux il aura perdu la main

GUILLERMO: Manque le tiroir

JAUDOUARD: D'ici un an ou deux? La question pourrait bien se poser différemment

ANNE: Monsieur Jaudouard

JAUDOUARD: Je te dis ça à toi ce qu'il fait le contrôle des réceptions c'est un travail qui fait double emploi

GUILLERMO: Mettre la main sur un tiroir les chances sont minimes

ANNE: La cliente est au bout du fil Monsieur Jaudouard

JAUDOUARD: J'ai étudié la question sous toutes les coutures de quelque côté que tu retournes le problème ça se ferait tout aussi bien dans les Vosges

ANNE: Monsieur Jaudouard je peux lui dire que c'est d'accord?

GUILLERMO: Mille ans pourraient s'écouler je finirai par le fabriquer

NICOLE: Il pouvait y avoir un corps étranger dans votre paquet de café vous n'avez pas vérifié?

JAUDOUARD: Je ne peux plus justifier son maintien sur mon budget

NICOLE: Un petit caillou oui ça peut arriver vous dites que spontanément l'hélice s'est cassée?

JAUDOUARD: J'ai abordé ce point avec M. Célidon quand il s'agit de rogner sur les dépenses il est toute oreille celui-là

NICOLE: Mais c'est vous qui lui aviez proposé ce poste et je sais qu'à l'usine ça améliore leur efficience de pas avoir à faire le diagnostic les moulins passent directement sur la chaîne de réparation

ANNE: Je peux lui dire

JAUDOUARD: Dis-lui d'aller se faire cuire un oeuf et merde ça n'est plus possible n'importe qui fait n'importe quoi dans ce service et vous allez voir que ça ne va plus durer c'est fini vous m'entendez? Il y a une règle on l'applique dis-lui

GUILLERMO: Quoi Yvette?

YVETTE: Tu sais mon nom maintenant?

GUILLERMO: Yvette

ANNE: Je vous confirme malheureusement après consultation du chef de service

GUILLERMO: Tu es le vin je te bois

YVETTE: Tu es l'oeuf je te gobe

GUILLERMO: Ta langue a un goût de noisette

ANNE: J'aurais voulu vous être agréable

GUILLERMO: Quoi Yvette?

YVETTE: Ce que tu vas faire avec Nicole

GUILLERMO: Tu ne vas pas te laisser toucher par lui

YVETTE: S'il le faut pour être confirmée

NICOLE: Il me hait

ANNE: Il a peur

GUILLERMO: Non

YVETTE: Qu'est-ce que ça fait?

ANNE: Il s'est présenté hier chez M. Célidon

NICOLE: J'ai mal

ANNE: Ton cou

NICOLE: Ça fait mal maintenant dans tout le dos si tu savais Anne je pense aux enfants s'il n'y avait pas Antoine et Mathieu

ANNE: Pauvre Jaudouard

NICOLE: L'odieux l'imbécile bonhomme

ANNE: Non Nicole

NICOLE: Je sais tu l'aimes bien toi

ANNE: Il s'est fait ramasser par Célidon[21] écoute il s'était pointé hier soir avec une demande d'effectifs supplémentaires il avait chiadé à mort son dossier aligné des pages de chiffres qui prouvaient qu'avec les effectifs actuels et avec une charge de correspondance et d'appels téléphoniques en progression constante vu l'augmentation des appareils en service sur le marché le retard qu'on a pris ne pouvait qu'augmenter et se répercuter sur les délais de réparation qui en moyenne sont déjà de trois semaines et deux jours et il avait calculé le déficit qui se montait à deux cent cinquante heures par mois soit quatre-vingt-dix pour cent d'une employée supplémentaire d'où son rapport concluait au besoin de recrutement d'une quatrième employée

Célidon a démonté tout ça pièce par pièce il a contesté les hypothèses de base comme par exemple la durée moyenne d'une communication téléphonique il a demandé les statistiques en temps réel ah il n'y a pas de statistiques en temps réel? Comment voulez-vous Jaudouard prétendre porter la responsabilité d'un service comme celui-ci si vous ne tenez pas une statistique du temps moyen passé par chaque employée pour chaque opération? Et Guillermo? A quoi il sert celui-là? Jaudouard est reparti décomposé jamais dans sa carrière il n'avait pris un bide aussi retentissant[22]

NICOLE: C'est pas lui qui te l'a dit

ANNE: J'ai déjeuné avec Cécile

NICOLE: Il se prépare des choses alors

JAUDOUARD: Pardon cocotte *casserole*

YVETTE: C'est pas grave vous savez

JAUDOUARD: Je t'ai rabrouée *snub* c'est les nerfs le boulot c'est pas toujours du gâteau

YVETTE: Vous ne sentez plus l'ail en tout cas

JAUDOUARD: J'ai des idées qui te concernent

YVETTE: Vous allez me confirmer?

NICOLE: Cette voiture qu'on vient d'acheter

GUILLERMO: Qu'y a-t-il de changé?

NICOLE: Tout

YVETTE: C'est pas une réponse Monsieur Jaudouard vous savez?

JAUDOUARD: T'as vu le film *Marathon Man*? T'y vas jamais au cinéma? On irait le voir ensemble?

ANNE: Le désastre sur toute la ligne

NICOLE: Toujours pas revenue?

YVETTE: C'est un bon film ça?

NICOLE: Tu n'as pas de nouvelles tu préfères ne pas parler de Judith? Tu as tort tu sais parler même si ça paraît inutile

YVETTE: Moi j'ai des goûts j'aime tout ce qui est à l'eau de rose et aussi la torture

NICOLE: Ça aide

JAUDOUARD: Tu te doutes pas des goûts que j'ai

YVETTE: On emmène Roger mon petit frère?

ANNE: Célidon qui on peut le dire ne s'était jamais jusqu'à présent intéressé à ce service

YVETTE: Je peux pas le laisser seul vous en avez combien vous des enfants? Cosson Après-Vente à votre service je vous écoute oui Madame donnez-moi votre numéro de référence je vérifie

NICOLE: On peut se demander si les plans concernant sa promotion n'ont pas changé

ANNE: Là-dessus Cécile n'a rien laissé transparaître

YVETTE: C'est un problème de vitesse? En position filtre le modèle Aristocrat si vous remplissez la coupelle à ras bord

ANNE: On a mangé chez le petit Chinois c'est remonté jusqu'à M. Bataille qui a fait descendre Mme Serge il n'a rien dit à Mme Serge mais elle était là assistant sans rien pouvoir dire à la mise en pièces de son protégé

YVETTE: C'est anormal nous comptons cinquante-cinq à soixante-cinq secondes non avec le Standard il faut compter quatre-vingts secondes l'Aristocrat est plus performant

NICOLE: Elle c'est un éléphant

ANNE: Oui elle s'en remettra

NICOLE: Mais Jaudouard

YVETTE: Sans compter qu'il est plus silencieux et puis l'arôme se conserve mieux

ANNE: Je me demande plutôt s'il n'a pas voulu avant de céder la place marquer son passage par une action d'éclat

NICOLE: Et mettre Jaudouard dans la mélasse

ANNE: Et par là même Mme Serge en difficulté de toute façon je sais qui sont celles qui ne vont pas rigoler

JAUDOUARD: Tu l'emmènes toujours avec toi ton petit frère? Même quand tu sors avec Guillermo?

YVETTE: Il a peur tout seul le soir il adore ça Roger le cinéma

JAUDOUARD: La vie privée est l'affaire de chacun dans le service je ne laisserai personne semer la zizanie Nicole est un bon élément un élément solide

YVETTE: Avec Nicole je m'entends bien vous savez

JAUDOUARD: T'aurais intérêt à l'écouter ça t'éviterait de débiter à la clientèle des énormités l'Aristocrat est plus performant? Vraiment? Tu n'as pas encore compris que le Standard est l'appareil dont le fonctionnement demande le moins de temps l'appareil des gens pressés? L'hélice fait éclater le grain alors que dans l'Aristocrat c'est une meule comme dans les moulins anciens qui broie délicatement sans échauffement pour les amateurs exigeants bientôt trois mois ici trois mois et ça n'a encore rien compris?[23]

NICOLE: La cloison Monsieur Jaudouard vous avez pu voir M. Célidon? Vous lui avez parlé de la cloison?

QUATRE

JAUDOUARD: Toute image le mot toute est souligné toute image de quelque nature que ce soit dans les bureaux cependant à la discrétion des chefs de service il pourra être toléré une image au maximum par membre du personnel d'un format qui ne saurait excéder 24 x 36 signé Charles Bataille directeur administratif et financier Mme Serge a jeté son poids dans la balance maintenant vous savez ce qu'il vous reste à faire vous avez jusqu'à midi pour faire place nette M. Pierre risque de passer à l'heure du déjeuner il a fait savoir que ça ne devait pas traîner qu'est-ce que c'est ce papier?[24]

ANNE: La lettre de l'ambassadrice avec une annotation de la main de M. Pierre

NICOLE: Je suis quand même folle d'être heureuse je ne sais pas pourquoi

YVETTE: Une surprise pour toi

NICOLE: Des bas?

YVETTE: Miraculeux ils résistent aux griffes de chat il n'est pas encore onze heures et j'ai faim

NICOLE: Tiens goûte

YVETTE: Biscuiterie Le Paysan oui j'ai vu la pub dans *Elle* ils ont un petit goût cendré tu feras l'essai tu verras

NICOLE: J'y crois pas

YVETTE: Je l'ai fait moi tu sais moi aussi j'ai été fugueuse ça passe ça lui passera moi ça m'est passé quand j'ai su que ma mère était foutue cancer généralisé

NICOLE: Si c'est pour rassurer Anne que tu dis ça

YVETTE: Papa avait décidé que le mieux qu'il avait à faire il s'est acheté un petit voilier

ANNE: A la discrétion ça veut dire qu'un chef de service peut refuser pendant qu'un autre

YVETTE: L'imbécillité de la direction moi ça me fait bander plus on est haut placé

NICOLE: Pas un pli elle tombe c'est une perfection

ANNE: Coupée cousue et tout ce dimanche

NICOLE: En haut à gauche il y a un numéro de référence

YVETTE: J'affiche côte à côte deux photos 18 x 24 ça occupe la même place qu'une photo 24 x 36

ANNE: Une image ils disent une

YVETTE: Attends ou huit photos 9 x 12 ça occupe le même espace je
découpe huit photos de mecs à poil je les accole ça fait une image une
seule

ANNE: Ça se discute

YVETTE: Arrive M. Pierre

ANNE: Et Mme Serge

YVETTE: Voyons Jaudouard hum hum dites donc Jaudouard

NICOLE: Me fais pas rire mon dos[25]

YVETTE: J'affiche huit photos de M. Célidon de face de profil de trois
quarts la queue en l'air je découpe la tête de M. Célidon

NICOLE: Arrête

YVETTE: Tu vois cette robe je trouve qu'elle te vieillit elle te donne une
allure sévère t'as pas besoin de ça et l'emmanchure est pas un peu de
traviole? Trois fois je me suis cassée la deuxième fois en emportant les
bijoux de maman la troisième fois

NICOLE: Vous nous le renvoyez la révision est gratuite naturellement

ANNE: Judith n'est pas voleuse

YVETTE: Attends et si tu la raccourcissais comme ça?

ANNE: C'est sa deuxième fugue en six mois j'ai décidé de la faire quand
je me suis retrouvée seule après la séance au commissariat

NICOLE: Il t'a confirmée?

YVETTE: Toujours temporaire il m'a prolongée pour trois mois toi j'ai
l'impression qu'il t'ignore tu sais pourquoi?

NICOLE: Nous ferons le maximum pour vous être agréable pour commencer il aurait pas fallu que je me mette avec Guillermo ensuite il
aurait pas fallu qu'avec Guillermo on se paie une DS j'ai pris la peine
de lui dire qu'elle était pas en bon état qu'elle avait plus de cent mille
kilomètres on l'a eue pour moins que le prix d'une 2 CV neuve mais lui
qui venait de s'acheter une Peugeot 304 pour remplacer sa Simca

ANNE: Même neuve une 304 ça n'est pas une DS26

NICOLE: Je lui ai dit que Guillermo a passé la moitié de notre dimanche
sous le châssis

ANNE: Il y a dix ans qu'il parle d'une DS t'aurais dû réfléchir aujourd'hui
il parle d'une CX

NICOLE: Pour quand il sera fait cadre

ANNE: Les illusions ça aide à vivre

YVETTE: Moi je m'en fais aucune

ANNE: Tu dis ça

YVETTE: Il y a des mecs qui vivent enveloppés dans leurs illusions Guillermo par exemple peut-être que c'est propre à tous les mecs ils se refusent à voir qu'une boîte c'est une boîte elle vous exploite jusqu'à la trame

NICOLE: Ça n'est plus une rumeur?

ANNE: Maintenant c'est certain que M. Pierre négocie

YVETTE: C'est pas Mixwell?

ANNE: Ces messieurs de Beaumoulin ont visité l'usine hier Mixwell lui offrait un meilleur prix mais il a préféré que Cosson reste entre des mains françaises

NICOLE: C'est de la camelote de bas étage Beaumoulin c'est le tout-venant

ANNE: Mixwell ça vaut pas mieux l'ambassadrice lui a écrit directement il a répondu mais oui nous avons sur place un excellent réparateur

GUILLERMO: Il est descendu en personne vous pouvez me faire ce boulot correctement mon ami? M. Jaudouard se dandinait à son côté oui Monsieur Pierre on vous fera ça Monsieur Pierre

NICOLE: Un ménage uni ils n'ont rien compris

YVETTE: Qui?

NICOLE: Anne et son mari

GUILLERMO: M. Albert un jour m'apporte un appareil j'apprenais le métier auprès de M. Duclos le seul réparateur de la maison à l'époque toutes les révisions se faisaient à Paris et M. Duclos était en congé maladie il souffrait de coliques néphrétiques finalement il est mort du pancréas on a su alors que c'étaient pas des coliques néphrétiques mais des abcès au pancréas[27]

NICOLE: Et tu sais je ne suis pas prête à le laisser partir je me battrai je te tuerai

YVETTE: S'il le faut

NICOLE: Et la cloison?

JAUDOUARD: A été déclassée dans l'ordre des priorités

YVETTE: Quand vous parlez vous avez complètement cessé de renifler c'est fini votre sinusite on dirait?

JAUDOUARD: Au printemps cocotte chaque année ça se débouche

NICOLE: A l'Administration des Ventes ils l'ont obtenue

GUILLERMO: C'était en cinquante-cinq petit serais-tu capable de faire un boulot convenable sur cette pièce? C'était un moulin qui datait des années trente en ronce de noyer avec des appliques en bronze doré construit sur commande pour le maharadjah de Baroda le maharadjah était en visite officielle pour trois jours à Paris

NICOLE: Entre eux et les Achats et ça a été monté dans les trois mois alors qu'il y avait moins de raisons qu'entre nous et l'Administration des Ventes

ANNE: Ce n'est pas seulement le bruit de leurs machines ça piaille et ça babille ce service c'est une basse-cour et nous on l'a demandée il y a combien de temps?

NICOLE: C'était promis c'est budgeté oui ou non?

ANNE: Ou alors qu'on nous dise qu'il n'y a pas de différence entre leur travail qui se fait à la chaîne sans besoin de réfléchir et puis le nôtre

NICOLE: Déjà qu'au niveau salaire ils font pas la différence

JAUDOUARD: Le meilleur moyen de se faire étendre poulette c'est d'essayer de gagner toutes les batailles à la fois

YVETTE: T'as toujours été comme ça?

GUILLERMO: Comment?

YVETTE: Soumis

GUILLERMO: Moi ça me connaissait le travail du bois M. Albert m'avait embauché en tant qu'ouvrier ébéniste je venais d'être fait compagnon quand mon patron a fait faillite j'avais dix-neuf ans depuis son arrivée d'Espagne maman faisait des ménages avec son arthrose de la hanche je ne voulais plus qu'elle travaille

NICOLE: Peut-être qu'on a tort d'y croire

YVETTE: Mais pourquoi il vend?

ANNE: Elle qui habite au Vésinet

YVETTE: Toute seule?

ANNE: Je lui ai dit Cécile achète-toi un chien il y a des nuits on entend des bruits

GUILLERMO: Quand M. Duclos est mort M. Albert m'a fait confiance

JAUDOUARD: M. Pierre pourra jouer à son golf tous les jours

NICOLE: Il se gêne pas beaucoup

YVETTE: Qu'est-ce que ça changera?

NICOLE: Combien qu'il touche?

ANNE: Elle qui est si peureuse

NICOLE: Peut-être qu'on n'est pas bien défendues

JAUDOUARD: C'est à moi que ça s'adresse?

NICOLE: C'est vous le chef à l'Administration des Ventes avec M. Boyançon on peut dire qu'elles sont défendues

ANNE: Il n'avait pas besoin de ça pour nourrir sa famille

JAUDOUARD: A votre niveau on voit les choses au ras des pâquerettes à mon niveau il faut voir les choses dans une certaine perspective

NICOLE: Vue du sommet notre cloison elle se perd ce n'est même plus un point à l'horizon

JAUDOUARD: Il faudrait peut-être que le travail avance

NICOLE: Vous me dites ça à moi?

YVETTE: Si votre appareil a plus de six ans nous vous conseillons de profiter de notre offre exclusive l'Aristocrat au prix du Standard la vitesse de mouture est plus lente

JAUDOUARD: Quand nous aurons rattrapé l'équivalent des quatorze jours ouvrables de retard que nous avons accumulés depuis septembre en avril nous avons traité une moyenne journalière de cinquante-cinq réclamations l'objectif a été fixé par M. Célidon à soixante-six mais pour récupérer l'arriéré nous traiterons soixante-quinze cas par jour et sans heures supplémentaires le retard sera rattrapé par une amélioration de la productivité[28]

YVETTE: L'arôme est mieux conservé c'est l'adaptation du procédé ancien par la technologie la plus avancée

CINQ[29]

JAUDOUARD: Vous avez le choix Guillermo moi si j'étais vous puisqu'ils vous proposent une dernière fois ce poste dans les Vosges

GUILLERMO: Si je n accepte pas

JAUDOUARD: Vous savez que dans la maison vous êtes très apprécié vous pourriez reprendre là-bas ce qui est votre vrai métier

ANNE: Il a accosté Yvette dans l'ascenseur

NICOLE: Célidon?

YVETTE: Il y avait juste lui et moi dans l'ascenseur

JAUDOUARD: M. Célidon pensait vous attribuer à Paris un poste de coursier je lui ai dit non dans ce cas il vaut mieux une solution franche donnons-lui un préavis généreux neuf mois dont trois à effectuer

GUILLERMO: Vous me licenciez?

JAUDOUARD: Dans trois mois vous touchez une demi-année

NICOLE: C'est Mme Lebarrieux de Poitiers

YVETTE: Oui

NICOLE: Je lui avais dit d'écrire elle n'arrêtait pas de téléphoner

YVETTE: De Poitiers?

NICOLE: Elle est dans les PTT

YVETTE: Qu'est-ce qu'on répond? Mon Cosson est venu à terminaison l'autre jour où mon mari me l'a envoyé à la tête je vous le retourne néanmoins vu qu'il marchait à la perfection voir si vous pouvez pas même si ça me revient aussi cher qu'un neuf la réparation j'aime autant garder celui-là

JAUDOUARD: Réfléchissez vous avez neuf mois pour vous retourner un technicien de votre valeur trouvera sans difficulté

GUILLERMO: Toute une vie

JAUDOUARD: A quarante-deux ans vous êtes jeune et changer ça vous rajeunira si ça vous fait peur vous avez l'option du transfert à l'usine bien sûr je comprends qu'on puisse hésiter l'usine ce n'est plus la même usine l'esprit y a changé ce matin leur ram-dam[30] j'apprends que ça a recommencé l'atelier de moulage a débrayé

YVETTE: J'ai été surprise qu'il connaisse mon prénom j'ai rougi comme c'est pas possible

ANNE: Elle le trouve si beau que ça?

NICOLE: Ecoute-la

YVETTE: Objectivement ça existe la beauté idéale toi Guillermo objectivement tu n'es pas beau ça n'empêche pas le fluide entre les êtres

ANNE: Alors Célidon pour toi c'est l'idéal?

YVETTE: Putain[29 bis] il est magnifique ce mec

ANNE: Qu'est-ce qu'il t'a dit?

YVETTE: Je n'ai pas entendu un mot de ce qu'il disait

GUILLERMO: Yvette

YVETTE: Guillermo on peut vraiment rien te dire la tête que tu fais

JAUDOUARD: Et cet article de journal?

ANNE: Je vous lis regroupement dans le petit électroménager Mixwell a échoué Beaumoulin l'emporte au terme de manoeuvres financières fertiles en rebondissements et à la suite d'une intervention conjuguée des ministères de l'Industrie et de l'Economie Cosson la firme plus que séculaire bien connue dans le monde entier pour ses moulins à café de qualité passe sous le contrôle du groupe Beaumoulin qui poursuivant vigoureusement sa politique d'acquisitions est en passe de devenir l'une des trois premières entreprises de sa branche en Europe la décision de rechercher un associé nous a déclaré M. Pierre Cosson président-directeur général de la société Cosson a été prise en raison

même du succès continu de notre marque il était devenu nécessaire de
passer à la vitesse supérieure notre plan de développement à long terme
exigeait des ressources nouvelles que seul pouvait nous apporter un
groupe puissant et démultiplié nous sommes fiers nous a précisé de son
côté M. Francis Baignères le jeune et dynamique président du directoire
de Beaumoulin d'accueillir Cosson en notre sein c'est une marque
prestigieuse faisant partie du patrimoine national et nous nous at-
tacherons à lui donner une impulsion nouvelle dans le respect de son
intégrité et de son individualité Cosson et Beaumoulin continueront à
se faire concurrence sur le marché ce qui ne nous empêchera pas de
rechercher un effet de synergie au niveau des coûts de fabrication et
de distribution les dirigeants français de Mixwell le géant d'outre-
Atlantique se sont refusés à toute déclaration cette opération aura-t-elle
les effets bénéfiques escomptés par les intéressés? Cosson affaire
demeurée familiale a profité dans la dernière décade du retour d'une
frange non négligeable des consommateurs les jeunes surtout et les
professions libérales à une certaine mystique de la confection du café
comme au bon vieux temps on connaît la tendance au reflux des cafés
prémoulus et des cafés instantanés néanmoins Cosson n'avait su ni
élargir ses assises en diversifiant sa gamme de produits ni renouveler
un management quelque peu sclérosé il reste à voir si son absorption
n'entraînera pas à terme une banalisation de la marque le chef du
gouvernement en tout cas peut se féliciter d'une opération s'inscrivant
bien dans la logique de sa politique qui consiste à éliminer non
seulement les canards boiteux d'aujourd'hui mais ceux de demain
d'autant qu'il n'est prévu d'après les responsables des deux sociétés
que nous avons interrogés aucune incidence sur l'emploi[31]

NICOLE: Ça dépasse tout

YVETTE: Calme-toi

NICOLE: Si c'est vrai je peux pas croire

YVETTE: Il doit savoir lui M. Jaudouard

JAUDOUARD: C'est une décision de la direction une prime exception-
    nelle de deux cents francs attribuée au personnel non cadre de
    l'Administration des Ventes en récompense du coup de collier qu'elles
    ont donné pour absorber le surplus de commandes lié à la promotion
    treize-douze sur l'Aristocrat

NICOLE: Tandis que nous on se la coulait douce c'est ça?[32] On a beau être
    rompues à l'injustice ça n'est pas les deux cents francs je m'en
    tamponne mais je sais un peu comment ça fonctionne dans ce service
    ce sont des petites minettes qui jasent toute la journée sauf quand M.
    Boyançon circule dans les travées alors elles se mettent à taper sur leur
    machine comme des galériennes mais elles s'en foutent de leur boulot

YVETTE: Et je les comprends c'est pas un boulot pour des êtres humains

ANNE: J'aimerais mieux faire caissière dans un grand magasin

YVETTE: Plongeuse dans un self oui

ANNE: Ils auraient pu faire une information interne avant qu'on lise ça dans la presse

YVETTE: Combien elle en a?

ANNE: Des chats? Elle n'en sait rien sa maison en est pleine

YVETTE: Tes bas ils ont tenu?

NICOLE: Pas réussi à me faire griffer

YVETTE: Ne croyez pas ça le Standard n'est pas inférieur en qualité ce sont deux principes techniques différents si pour vous gagner du temps c'est important

ANNE: Je ne dis pas que je suis découragée

NICOLE: Mais c'est dur

ANNE: Oui

NICOLE: Ne pas savoir par quel bout la prendre

ANNE: Oui tu sais qu'elle n'a pas ouvert la bouche

NICOLE: Depuis qu'elle est revenue? C'était samedi?

ANNE: Oui à quatre heures du matin

NICOLE: Quand même elle est de retour c'est un soulagement et elle n'avait pas mauvaise mine?

ANNE: Mais muette alors les psychiatres nous disent que ce silence c'est comme un appel qui nous est adressé un appel qu'il faut déchiffrer pour essayer d'y répondre

YVETTE: Tu ne dis rien Guillermo je voudrais connaître l'histoire de ton père il a été torturé?

ANNE: Ne craignez pas de vous livrer à votre enfant avec simplicité descendez jusqu'aux couches profondes de votre moi authentique et peut-être qu'alors le contact se produira pour moi c'est fini les psychiatres

GUILLERMO: Il y a eu d'abord M. Théophile ensuite M. Louis ensuite M. Martial ensuite M. Albert ensuite M. Pierre le jeune M. Nicolas qui a dix-huit ans promettait mais il n'y aura pas de sixième génération

YVETTE: Jamais tu n'en parles tu sais que je suis curieuse

ANNE: Tout ce qu'ils réussissent à faire c'est nous culpabiliser moi je dis quand elle voudra parler elle parlera

GUILLERMO: Maman a passé les Pyrénées avec moi dans les bras j'avais un an papa est resté là-bas

YVETTE: Et ils l'ont tué comment? Ta mère ne t'en a jamais parlé?

ANNE: On a tout essayé plus de liberté plus d'autorité

NICOLE: Pourtant Guillermo ne s'occupe pas beaucoup d'eux mais Antoine et Mathieu ils adorent Guillermo ils le suivraient jusqu'au bout du monde[33]

SIX[34]

ANNE: Cécile[35] m'a apporté des carottes et des concombres de son jardin

NICOLE: Anne t'es un frère

YVETTE: Et pour moi aussi? Tu savais que je suis presque végétarienne?

NICOLE: C'est son jour de triomphe ça y est elle est au sommet

ANNE: Elle pratique la culture biologique sans engrais *fertilizer* c'est pour ça je ne sais pas si j'ose vous en offrir Monsieur Jaudouard c'est pas une fille qui a de l'ambition non ses nappes ses chats le sauvetage du Parthénon elle a une armoire pleine de nappes brodées de différents pays

NICOLE: Avec M. Bataille nommé PDG

YVETTE: Et M. Pierre il s'est complètement retiré?

ANNE: Elle a toujours suivi M. Bataille

JAUDOUARD: On vous donne une chance il m'a dit

ANNE: Chaque année pendant tout le mois de septembre à Athènes elle gratte elle met ses chats en pension et elle gratte

NICOLE: M. Bataille lui-même?

JAUDOUARD: Oui si vous échouez c'est la porte c'est un langage qui me plaît si vous réussissez

ANNE: Sans enfants elle peut prendre ses vacances en septembre il y a des gens qui s'y rendent de New York de Moscou

YVETTE: Elles sont si malades ces colonnes?

JAUDOUARD: Mais un chef ne réussit pas seul vous et moi on est sur le même radeau il y a dans la maison un vent nouveau ceux qui sont consciencieux qui possèdent à fond leur métier jusqu'à présent ils étaient pénalisés

ANNE: Mme Serge qui est mise à la retraite anticipée elle vous avait toujours soutenu

NICOLE: Une femme active comme elle

JAUDOUARD: Une maîtresse femme ces dernières années ça ne tournait plus si rond dans sa tête

ANNE: C'est l'oxyde de carbone dégagé par les véhicules à moteur et le soufre des fumées d'usine quand il se mélange à l'oxygène ça se fixe sur le marbre et ça forme une couche de gypse qui s'effrite au moment des pluies

YVETTE: Une grève ça peut durer combien?

NICOLE: On dit que la nature a de l'influence sur les hommes cette usine qui est au milieu des prairies à la lisière de l'immense forêt de pins

JAUDOUARD: Il suffit d'une poignée d'enragés pour entraîner une bonne population d'ouvriers le monde est peuplé de moutons ceux qui vont avoir des problèmes c'est nous autres ici

YVETTE: Et M. Célidon?

NICOLE: Ça t'intéresse?

JAUDOUARD: Il prend le poste de Mme Serge

ANNE: Et à sa place?

JAUDOUARD: Personne ils raccourcissent la hiérarchie je veux moins de généraux et plus de soldats davantage de délégation donc d'initiative contre le gâchis une guerre sans merci je serai le capitaine d'un navire léger et rapide rien d'inutile à bord il a dit

NICOLE: En attendant il a un problème sur les bras si la production ne reprend pas les stocks sont bas

YVETTE: Ses nappes qu'est-ce qu'elle en fait toute seule dans sa maison?

JAUDOUARD: Dans l'environnement concurrentiel

YVETTE: Elle réunit tous ses amants pour de grands sabbats des orgies? Au milieu des pins ils font des randonnées des rondes dans les prairies?

ANNE: Elle n'aime pas les hommes

YVETTE: Alors ses amantes

ANNE: Ni les hommes ni les femmes

YVETTE: Entre les jambes elle a pas une petite fente?

ANNE: Elle ne se sent jamais seule je l'envie sans elle jamais M. Bataille

GUILLERMO: M. Bataille quand il est entré chez nous

NICOLE: Cosson Après-Vente à votre service

ANNE: Je me souviens seulement qu'il est entré la meme année que moi

GUILLERMO: Oui de chez Beaumoulin

YVETTE: Guillermo se réveille

GUILLERMO: M. Albert a cru qu'il faisait une bonne affaire il ne savait pas qu'il introduisait le ver dans le fruit il lui a fallu dix ans pour arriver à ses fins et Célidon vous savez d'où il vient? Mme Serge était la seule à voir clair dans ce qui se tramait Cosson maintenant c'est la fin tout est bien les fossoyeurs sont en place quand on sait que M. Bataille a toujours dit qu'il a le coeur à gauche à l'usine les syndicats font la loi c'est bien comme ça du temps de M. Albert ça n'existait pas aujourd'hui le feu à la baraque ça fait le jeu de M. Bataille tranquille ça sera la faute aux anciens il pourra terminer son nettoyage ces messieurs de Beaumoulin entreront dans Cosson comme dans du fromage

JAUDOUARD: Ça n'est pas facile pour vous Guillermo j'en conviens mais évitez de démoraliser ces dames surtout qu'il y en a au moins deux dans le tas à qui vous vous intéressez deux c'est une de trop je vous le dis en passant Nicole me donne du souci son rendement est en baisse vous savez que ce n'est pas le moment je dois réussir à remonter ce service on nous attend au tournant vous riez?

NICOLE: Est-ce possible? Alors là nous sommes désolés

ANNE: Au coeur des colonnes malades

NICOLE: Il est bien rare que nous fassions une erreur

ANNE: Ils insufflent du titane l'entrée maintenant est fermée au public

YVETTE: Au juste le Parthénon c'est où?

NICOLE: Renvoyez-le-nous nous rechercherons le vôtre il est peut-être encore à l'usine l'usine est occupée nous devons vous demander patience

ANNE: Les pas de deux millions de visiteurs par an ont creusé des fossés dans le marbre c'est une lutte avant qu'il soit trop tard elle est présidente de la section Ile-de-France ils étudient une bulle géante

GUILLERMO: C est répugnant

NICOLE: Vous pouvez compter sur nous

JAUDOUARD: Une jolie paire de fesses comme deux balles de ping-pong

NICOLE: Tout de suite

YVETTE: Pendant que les Cambodgiens en masse se font massacrer sauver des vieilles pierres ils les pendent par les pieds s'ils n'ont pas assez travaillé

ANNE: Non

NICOLE: Si elle ne me l'avait pas dit elle-même

ANNE: Elle te l'a dit pour te faire marcher

NICOLE: Elle l'a dit aussi à Guillermo

ANNE: Elle te l'a dit parce qu'elle l'a dit à Guillermo elle l'a dit à Guillermo pour le faire enrager

NICOLE: Le pauvre il avait besoin de ça

ANNE: Le pauvre? Tant pis si je te fais mal ce qui lui tombe dessus il le mérite

NICOLE: Tu te trompes

ANNE: Je t'aime j'aime aussi l'autre c'est facile on se laisse dériver cette petite l'a harponné pour sa situation c'est pareil il y a longtemps qu'il aurait dû sentir le vent réagir quand même avec son ancienneté et tout le monde l'apprécie mais non un jeune cadre qui fait encore ses classes lui dit par ici l'abattoir il va d'un bon pas se faire égorger

NICOLE: De toute façon elle a couché avec Jaudouard

ANNE: Je n'en crois pas un mot

NICOLE: C'est jamais le bon moment avec vous Monsieur Jaudouard pour parler des classifications tant pis vous devez me donner quelques minutes vous avez déjà repoussé deux fois cette conversation

JAUDOUARD: On n'est pas contente?

NICOLE: Vous savez bien

YVETTE: A votre service je vous écoute

ANNE: Après qu'elle a été prolongée?

YVETTE: Si la sécurité ne fonctionne plus il faut nous le renvoyer

JAUDOUARD: Tu sais ce qu'on fait quand on n'est pas satisfait?

NICOLE: On fait ce que je fais on en parle à son chef

YVETTE: Nos délais actuellement sont un peu allongés

ANNE: J'aurais plus de respect pour une prostituée

NICOLE: Le travail? Le travail me plaît simplement je n'ai pas besoin de vous dire que je suis toujours classée sténodactylo deuxième échelon

GUILLERMO: Nicole

NICOLE: Attends je suis occupée

YVETTE: Cette émission

ANNE: Laquelle?

YVETTE: Sur les Cambodgiens

ANNE: C'est possible ça m'est égal

NICOLE: Je ne me plains pas de mon salaire voyez je ne sais pas si je suis bien ou mal payée ce que je voudrais c'est être payée pour le travail que je fais

JAUDOUARD: Tous les salaires sont gelés cocotte le temps pour les gens du Service du Personnel de Beaumoulin de venir faire leurs analyses comparatives

NICOLE: Je vous dis

JAUDOUARD: Tu perds ton temps

NICOLE: C'est aussi une question de dignité

JAUDOUARD: Il faudra qu'elle attende ta dignité

NICOLE: Ah oui? Alors autant que je vous dise

JAUDOUARD: Mais sans t'énerver eh bien quoi tu t'en vas? Les larmes les grandes eaux?

ANNE: C'est vrai que depuis deux ans il n'y en a pas beaucoup qui comme elle n'ont pas eu une seule augmentation au mérite et j'ai pas l'impression qu'on peut dire de Nicole qu'elle ne fait pas son travail comme une vraie professionnelle

JAUDOUARD: Elle bat de l'aile cette fille moi je vois qu'on est loin des soixante-quinze réclamations jour

NICOLE: Oui Guillermo excuse-moi

JAUDOUARD: Ça va chauffer à la fin du mois

NICOLE: Qu'est-ce qu il y a?

GUILLERMO: Je vais partir dans les Vosges

SEPT

JAUDOUARD: Hein? Alors? Votre cloison

NICOLE: Quand même oui notre cloison et pourquoi votre cloison? Vous en profitez vous aussi

ANNE: Ça change la vie ça n'est pas seulement le bruit du reste mes oreilles ont du mal encore à s'habituer

NICOLE: On a notre territoire en passant j'avoue que j'ai du mal à y croire

YVETTE: Cosson Après-Vente à votre service si elle sera bientôt terminée je ne peux pas vous dire la direction fait tout pour qu'elle se termine au plus vite la direction est soucieuse du préjudice causé à la clientèle[36]

ANNE: Tu as réussi à convaincre Judith

YVETTE: La direction ne peut pas céder au chantage d'une poignée d'irresponsables télécommandés si nous cédons cette fois

JAUDOUARD: Alors l'ami ça boume? Terrible il est époustouflant notre Guillermo bon sang de bon Dieu quand on se dit que la cadence moyenne par homme-jour à l'usine est de vingt-quatre hier il en a abattu trente-cinq aujourd'hui il est parti pour passer le cap des quarante[37]

NICOLE: Cosson Après-Vente à votre service quelque retard c'était inévitable mais la direction soucieuse du désagrément souffert par la clientèle a pris les mesures nécessaires

ANNE: Et tu as pu la faire parler ? Elle t'a dit quelque chose?

NICOLE: Oui les réparations continuent naturellement les circuits sont un peu engorgés

ANNE: Cosson Après-Vente

NICOLE: Quand est-ce que tu comprendras?

ANNE: Ils l'ont montée la cloison

NICOLE: Je te parle des classifications il faut un organe pour discuter un organe qui les oblige à écouter

ANNE: Vous n'êtes pas seule dans ce cas notre société traverse des circonstances vous ne devez pas vous impatienter

NICOLE: Pour leur faire entendre la voix de celles qui vont au charbon qui connaissent la chanson prends les statistiques de rendement c'est une mystification comme si dans un service comme ici tant à l'heure ça veut dire quelque chose ou alors autant savoir que l'Après-Vente ce n'est plus tout ce travail qu'on nous demande ce climat à entretenir[38]

ANNE: Cosson Après-Vente vous appelez des Saintes-Maries-de-la-Mer? Nos lignes sont congestionnées vous avez essayé plusieurs fois de nous appeler? Oui ce sont des éléments étrangers à la maison qui se sont infiltrés

YVETTE: Elle n'a pas arrêté je te jure que ça débitait je me marrais putain ça y allait avec l'histoire des parents qui croient l'aimer qui croient s'aimer classique des valeurs bidon faut pas s'affoler[39]

ANNE: Je note votre numéro de référence

JAUDOUARD: Un bon petit détachement de gendarmes mobiles et les grenades lacrymogènes pour déloger ces fumiers mais d'abord il faut laisser mûrir[40]

NICOLE: Ou pourrir

JAUDOUARD: Le pourrissement n'est pas une mauvaise chose

NICOLE: La cloison il lui a fallu deux ans pour venir

YVETTE: Cosson Après-Vente à votre service oui depuis un mois et une semaine nous en sommes au trente-huitième jour d'arrêt de production c'est notre espoir heureusement

ANNE: Elle ne croit pas que nous l'aimons

YVETTE: La direction a arrêté des dispositions

NICOLE: Cosson Après-Vente mais laissez-moi vous expliquer vous vous énervez

ANNE: Nous constatons la patience de notre clientèle et sa fidélité

NICOLE: Dans l'ascenseur?

YVETTE: Il attendait ma sortie sur le terre-plein

ANNE: Avec un bouquet de fleurs?

JAUDOUARD: Pour la mise en route du PAB le plan d'accroissement des bénéfices M. Bataille a réuni hier les cadres et la maîtrise du Siège le PAB ça ne vivra que si ça devient un GMI un grand moulin à idées chacun et chacune jusqu'à l'échelon le moins élevé est invité à apporter ses suggestions pour que nous fassions de la bonne farine qui profitera à tout le monde je veux que chacun vienne verser son blé il a nommé un comité interdépartemental le CRCS qui étudiera le fonctionnement de tous les rouages de l'organisation[41]

YVETTE: Préoccupée des intérêts de la clientèle la direction ne peut pas se permettre de céder devant les agissements d'une poignée de forcenés

NICOLE: Anne

ANNE: Nicole

NICOLE: J'ai la nausée

YVETTE: Ce qu'on nous fait dire

ANNE: On est entre le marteau et l'enclume

YVETTE: Je suis sur les rotules[42]

JAUDOUARD: Le petit bijou est fatigué?

YVETTE: Vous par exemple arrêtez vos familiarités

ANNE: Simplement je n'en peux plus

GUILLERMO: Devant l'entêtement démentiel d'une direction rapace absente et lointaine obsédée de superprofits qui depuis plus d'un mois se dérobe à toute négociation le comité de grève réaffirme son absolue détermination à tenir bon fraternellement unis dans la lutte pour faire aboutir leurs légitimes revendications les travailleurs ne plieront pas face aux basses manoeuvres de division et d'intimidation pour assurer l'issue victorieuse de leur combat ils font appel à la solidarité des commerçants et de toute la population une journée portes ouvertes aura lieu samedi de midi à minuit venez avec tous les vôtres une braderie et un pique-nique choucroute merguez au profit des familles les plus touchées vous attendent avec une visite de l'usine et un bal suivi d'un grand débat avec les Cosson qui défendent leur niveau de vie mais aussi l'autonomie et l'intégrité de leur entreprise ce conflit vous concerne il y va de la prospérité de notre canton vive l'unité syndicale nous ne baisserons pas pavillon j'ai reçu cette copie chez moi PS écrit à la main les briseurs se feront cogner à bon entendeur salut[43]

YVETTE: Elle appelait de Deauville je préfère m'en passer le temps qu'il faudra pourvu que la direction cède pas et ensuite qu'on les pende haut et court vous auriez pas le matériel à nous prêter des fois que je lui ai demandé?

ANNE: Ce que je vois c'est que les expéditions sont arrêtées on perd des ventes tous les jours au profit de qui? Combien encore ça peut durer? Hier Cécile me disait M. Bataille était prêt à faire un pas ces messieurs de Beaumoulin s'y sont opposés ça a été une réunion plutôt mouvementée le ton entre ces messieurs est monté

NICOLE: Un Cosson vendu en moins ça fait un Beaumoulin vendu en plus

ANNE: C'est sûr

NICOLE: Ils vont nous tenir la tête dans l'eau le temps qu'il faut

YVETTE: Ce qui restera de Cosson

ANNE: Il y en a un qui est heureux regardez-le

NICOLE: Il a reçu des menaces Yvette a vu Judith? Moi j'ai vu l'inspecteur du travail une section syndicale ça ne pose pas de problème à démarrer à deux heures puis à quatre heures du matin cette nuit de l'usine ils lui ont téléphoné

JAUDOUARD: Emanation du TAB le CRCS ou Comité de Réduction des Coûts Structurels est composé d'un représentant de chaque département

ANNE: Dans ses yeux en revenant hier soir à la maison elle n'a pas desserré les dents pourtant il y avait quelque chose de différent une lueur

NICOLE: Il suffit d'une notification envoyée par la centrale syndicale à la direction ils y disent qui ils désignent comme délégué

YVETTE: Attends

JAUDOUARD: Analysera les structures existantes proposera toute modification des structures susceptibles d'entraîner une réduction des coûts tout en améliorant l'efficacité

NICOLE: N'importe qui peut proposer d'être délégué

ANNE: Quelque chose s'est passé

NICOLE: C'est clair dans ma tête que jamais on n'y arrivera autrement

ANNE: Alors moi j'aime mieux te dire que j'y suis farouchement opposée c'est faire entrer le loup dans la bergerie vas-y et demain tout se passe ici comme à l'usine pareil

NICOLE: Pas si c'est nous

ANNE: Pareil tu seras vite évincée[44]

HUIT

NICOLE: Anne il ne part plus dans les Vosges

ANNE: Je n'y ai jamais cru à son départ dans les Vosges te voilà rassurée

YVETTE: C'est tout petit chez moi tu sais Guillermo tu es décidé?

NICOLE: Il entre comme restaurateur chez un brocanteur qui fait les foires et les marchés qui vend des vieilles casseroles en cuivre des ustensiles et des outils anciens qu'on ramasse encore dans les campagnes il y a de plus en plus d'amateurs pour des choses comme ça Anne Guillermo me quitte

YVETTE: Il te faudra un petit coin quand même tu ne pourras pas vivre sans ton établi le dimanche pour bricoler

JAUDOUARD: M. Bataille a dit à M. Célidon que c'était amplement mérité et puisque Guillermo a finalement décidé de nous quitter

YVETTE: Cosson Après-Vente à votre service vous pouvez nous l'envoyer il faut compter trois semaines oui les délais sont redevenus normaux

ANNE: Je n'en crois pas un mot

JAUDOUARD: M. Bataille ajoute trois mois de plus à son indemnité il partira avec une année pleine dans sa poche et pour vous les cocottes une prime exceptionnelle de trois cents francs c'est une décision personnelle de M. Bataille

NICOLE: Vous pouvez lui dire qu'il peut se les garder

ANNE: Oui ça y est elle est partie gratter elle a pris l'avion hier matin pour Athènes avec une semaine de retard M. Bataille n'a pas voulu qu'elle parte avant que la grève soit terminée

JAUDOUARD: M. Bataille a tenu à récompenser le personnel du service qui s'est montré à la hauteur des circonstances je n'ai rien eu à demander

ANNE: Et un jour de la semaine dernière normalement elle aurait déjà dû être à Athènes quand je dis un jour c'était au milieu de la nuit un homme s'est introduit dans son jardin elle a eu la frayeur de sa vie c'était son neveu de Suède qu'elle n'a pas reconnu elle ne l'avait pas vu depuis qu'il était en culottes courtes et avant-hier soir j'étais invitée à dîner nous avons dîné tous les trois elle a déplié une nappe brodée de Bessarabie c'était quand même un coup de chance s'il n'y avait pas eu cette grève je lui ai dit

YVETTE: Isolée dans sa campagne comme ça

ANNE: Alors tu sais que j'ai reçu son bulletin trimestriel elle a sa moyenne dans toutes les matières et un douze en français bonne participation résultats encourageants[45]

YVETTE: Nos trois cents francs à chacune si on les mettait ensemble on pourrait se faire une petite fête

NICOLE: On pourrait les verser dans la caisse de la section syndicale pour constituer le fonds de roulement

ANNE: Moi j'ai besoin de m'acheter des torchons

NICOLE: Anne Guillermo demain déménage

YVETTE: Le moulin de M. Théophile aussi?

GUILLERMO: Oui aussi le moulin de M. Théophile

YVETTE: Tu l'as vendu?

GUILLERMO: J'ai vendu toute ma collection toute c'est à lui que j'ai vendu

YVETTE: A qui?

GUILLERMO: A mon futur patron c'est comme ça qu'on s'est connus c'est le plus grand spécialiste de France pour les anciens objets de table et de cuisine il a un stand depuis dix ans à Montreuil un autre à Clignancourt il vendait beaucoup aux Américains maintenant il a surtout des Japonais dans sa clientèle et des hommes d'affaires d'Arabie[46]

YVETTE: Et Nicole?

GUILLERMO: Quoi à son sujet?

YVETTE: Je l'aime

GUILLERMO: M. Célidon aussi tu l'aimes

YVETTE: C'est vrai qu'on s'aime lui et moi

GUILLERMO: Et M. Jaudouard la première personne que tu rencontres tu te jettes à son cou

YVETTE: Pas M. Jaudouard

GUILLERMO: D'une branche à l'autre tu sautilles

YVETTE: Je suis fidèle toi tu es bête la jalousie est la chose la plus bête

GUILLERMO: Je ne sais pas s'il y a quelque chose dans ta tête

YVETTE: Jusqu'à ras bord il y a toi

GUILLERMO: Et tous les autres

YVETTE: Toi

GUILLERMO: Et les autres

YVETTE: Ça n'empêche pas

GUILLERMO: Je ne comprends pas

ANNE: Et elle nous parle maintenant

YVETTE: Aimer pour toi c'est exclure toujours tu veux exclure Nicole pourquoi l'exclure?

GUILLERMO: Je lui laisse ma maison

YVETTE: Encore heureux

GUILLERMO: Je viens chez toi

YVETTE: Tu viens chez moi établir ta tyrannie je serai la première pièce de ta nouvelle collection eh bien non je déteste les collections chez nous tout le monde pourra venir chacun se servira emmènera ce qu'il voudra

NICOLE: Ça me fait du bien Anne ce que tu me fais

hobby-horse

ANNE: Et si tu veux savoir ce que c'est que la logistique c'est le dada de M. Bataille toute la réorganisation tourne autour de la mise en place de la logistique Célidon est promu au rang de directeur il sera directeur de la Logistique M. Boyançon quitte l'Administration des Ventes pour un stage de longue durée chez Beaumoulin Cécile pense que c'est le prélude à la fusion des deux forces de vente l'Administration des Ventes sera une des fonctions dépendant de la Logistique comme les Achats les Expéditions l'Informatique

NICOLE: Et nous

ANNE: Nous? Nous non pas nous

NICOLE: Et Jaudouard? Il ne bouge pas?

ANNE: Si

NICOLE: Dis-moi Anne pourquoi tu ne me dis pas?

ANNE: Il va remplacer Boyançon

NICOLE: Je ne te crois pas

ANNE: Si

NICOLE: Il passe à l'Administration des Ventes? Ça n'est pas possible il ne peut pas accepter

ANNE: Mais il passe cadre[47]

NICOLE: Surveillant des petites minettes d'à côté et pour ça on le passe cadre tu veux rire

ANNE: Cadre depuis le temps qu'il attend ça

NICOLE: Il s'achètera une CX blanche et neuve

ANNE: On le rétrograde en même temps on lui fait une fleur c'est un vieux serviteur

NICOLE: Mais chez nous? Tu ne me dis pas qui va le remplacer Anne c'est toi?

ANNE. Mais non ce n'est pas moi

NICOLE: Alors il n'y a pas de justice t'es une bonne femme c'est ça?[48]

ANNE: La question ne s'est pas posée

NICOLE: Alors qui prend le Service Après-Vente?

ANNE: Il n'y aura plus de Service Après-Vente

GUILLERMO: Merci je ne veux aucune faveur

JAUDOUARD: Mais vous n'allez pas vous un des plus anciens de la maison au moment de votre départ refuser un petit cadeau

GUILLERMO: Vous voyez ces mains? Elles ont beaucoup travaillé elles sont vides elles resteront vides je m'excuse

JAUDOUARD: Pas grand-chose vous savez mais vous n'empêcherez pas les cadres et la maîtrise de la Direction Administrative en signe de leur appréciation pour vos excellents services mes collègues et moi avons simplement souhaité

ANNE: La fonction sera éclatée entre le département Informatique et l'Administration des Ventes le gros du traitement des réclamations sera informatisé pour le traitement des cas particuliers il y aura une employée intégrée à l'Administration des Ventes oui chez Jaudouard le CRCS a fait l'analyse des cas traités dans le service sur une période de trois mois ils les ont ventilés en soixante-quatre situations différentes à chaque situation correspondra une lettre prérédigée qui sortira de l'ordinateur tous les appels téléphoniques seront aiguillés sur un répondeur automatique qui dira à la cliente d'écrire tu vois

NICOLE: Oui je vois

ANNE: Le PAB

NICOLE: Le PAB oui le blé

ANNE: Ils ont calculé que quatre-vingts pour cent des cas justifieront de l'une ou l'autre des soixante-quatre lettres prérédigées pour les vingt pour cent restant ils vont garder l'une d'entre nous tu vois? Cécile qui ne boit jamais avant-hier soir elle s'est laissée aller il fallait fêter le petit neveu alors elle m'a fait jurer sur la tête de Judith il ne comprend pas un mot de français elle avait acheté une bouteille de muscadet Judith est sortie dimanche avec Yvette et le petit Roger

NICOLE: C'est une belle cloison

ANNE: Jaudouard ne sait encore rien si tu me trahis

NICOLE: Guillermo va vivre chez Yvette

GUILLERMO: En stock il a plusieurs centaines de cafetières environ cent cinquante moulins à café

YVETTE: Judith est une nana pas possible il tombait des cordes qu'est-ce qu'on fait? On va faire du canotage qu'elle a dit on est allés au Bois elle Roger et moi on était seuls sur le lac debout dans la barque elle t'imitait Anne et elle imitait ton vieux Roger était plié en deux moi aussi elle nous a fait une représentation du discours des parents Judith tu sais ma petite chérie que ce qui compte le plus au monde pour ton papa et pour moi c'est ton bonheur le vrai celui qu'on construit pas celui qu'on croit trouver sur le siège arrière des motos dans les discos[49]

NICOLE: Je ne sais pas si je vous ai assez remercié Monsieur Jaudouard

JAUDOUARD: Pour?

NICOLE: Cette cloison

JAUDOUARD: Quand une requête est raisonnable on finit par obtenir satisfaction je pense à ton problème de classification poulette

NICOLE: Oui moi je pense aux deux garçons

JAUDOUARD: Lesquels?

NICOLE: Antoine et Mathieu j'imagine que tu y penses toi aussi Guillermo

ANNE: Mon mari lui

YVETTE: Quoi?

ANNE: Qu'est-ce qu'elle lui faisait dire?

YVETTE: Tu sais Judith ma petite combien tu as fait souffrir ta maman ces premiers cheveux blancs tu sais d'où ils viennent et ces plis sous les yeux nous existons nous aussi

NICOLE: Cosson Après-Vente à votre service

YVETTE: Alors nous avons bien réfléchi maman et moi demain toi et moi nous irons ensemble j'ai pris rendez-vous avec un monsieur dont c'est le métier d'aider les enfants en difficulté ensuite je te laisserai seule avec lui tu pourras tout lui raconter

NICOLE: Je vous en prie c'est notre rôle de vous aiguiller sur les différentes solutions oui nous pouvons le réparer étant donné son âge vous devriez considérer l'offre exclusive Cosson à ses fidèles clientes un Aristocrat au prix du Standard vous faites trente pour cent d'économie et vous avez un appareil qui ne se contente pas de vous donner la finesse de mouture que vous recherchez d'abord c'est l'appareil le plus silencieux sur le marché mais surtout si vous vous intéressez à ce que tout l'arôme contenu dans le grain soit préservé moi je vous dis qu'il ne faut pas hésiter[50]

NEUF

YVETTE: C'est important le lit dans une maison

NICOLE: Le plus important c'est la table

YVETTE: Non le lit

ANNE: Ce en quoi j'ai cru toute ma vie un beau jour on vous dit

JAUDOUARD: La clientèle change

NICOLE: D'abord la table une grande table sur laquelle on pourra tout faire

JAUDOUARD: Elle n'a plus la mentalité d'avant elle est moins portée sur les sentiments

YVETTE: Fondevaux de Moutiers

NICOLE: Je comprends que vous lui soyez attachée mais nous l'avons examiné il s'agit d'un cas d'usure généralisée après quatorze ans vous savez

ANNE: Oui même pour un simple échange de moteur mais vous nous l'envoyez

JAUDOUARD: Il fallait faire le pas

NICOLE: Poser les coudes manger préparer les petits plats écrire coudre repasser

ANNE: Le pas? C'est un tel tumulte en moi la nuit souvent je me dresse en sursaut j'essaie de me raisonner de me rassurer je ne puis m'empêcher d'être atterrée

NICOLE: C'est très simple vous faites un paquet recommandé

ANNE: Moi je crois que les gens restent humains la vie est si peu supportable pour eux

NICOLE: Avec notre meilleure bonne volonté c'est un délai incompressible

ANNE: Dans leur travail dans leurs rapports familiaux il y a tant de choses qui ne vont pas souvent ils nous téléphonent ce n'est pas tellement pour la réclamation

NICOLE: Se lire ce qu'on aime à haute voix et eux faire leurs devoirs

YVETTE: Et Anne qu'est-ce qu'elle deviendra?

NICOLE: Son petit massage quand elle voit que j'ai si mal au cou je lui ai demandé elle a fait comme si elle n'avait pas entendu

GUILLERMO: Il y a une table de ferme qu'il vient de rentrer du Dauphiné en noyer massif un plateau d'un seul tenant on pourrait l'avoir pour pas grand-chose ses pieds ont été grignotés par les termites

ANNE: Un sourire au bout du fil[51] un petit coin chaud quelqu'un qui les écoute qui les comprend tout ça ne veut plus rien dire?

YVETTE: Un lit d'abord un grand lit où on pourra plonger tous les trois

NICOLE: Et tenir conseil

YVETTE: Où on sera à l'aise pour dormir tous les trois et pour nos ébats

NICOLE: En long et en large

ANNE: Trois semaines notre usine est dans les Vosges il faut compter avec le temps d'acheminement vous Monsieur Jaudouard vous faites facilement table rase de tout ça vous

JAUDOUARD: On peut ne pas être d'accord avec tout mais le principal c'est le mouvement qui est donné il va vite M. Bataille c'est un fonceur on s'essouffle à le suivre sur le choix d'Yvette par exemple je leur ai dit que je ne suis pas d'accord

ANNE: Yvette?

JAUDOUARD: M. Célidon n'a pas voulu en démordre Yvette n'a-t-elle pas les meilleurs résultats statistiques? Peut-être que je lui ai dit mais s'il s'agit de traiter les cas délicats les cas qui n'entrent pas dans votre grille alors il nous faut celle qui a vraiment l'expérience celle qui possède le mieux sa clientèle

ANNE: Yvette?

NICOLE: Qui?

YVETTE: Célidon lui-même il m'a convoquée dans son bureau pour m'annoncer ça je n'en revenais pas Anne est beaucoup plus qualifiée je lui ai dit ou alors Nicole de toute façon c'est une injustice c'est une décision qu'il a dit

NICOLE: Ça rapporte d'avoir des rougeurs avec les futurs directeurs dans l'ascenseur

YVETTE: Et Anne que je lui ai demandé

ANNE: Et Nicole?

JAUDOUARD: Celle-là m'a déçu jamais je n'aurais cru autrefois c'était une employée sérieuse elle faisait son boulot aujourd'hui elle vous laisse toute la besogne sur le dos à vous deux pour ne plus s'occuper que de semer le mécontentement dans la maison elle aura son licenciement vite fait bien fait pour cause de restructuration c'est une gentillesse qu'on lui fait pendant un an elle aura ses quatre-vingt-dix pour cent[52]

YVETTE: Je dormirai entre vous deux

NICOLE: Chacun son tour au milieu

ANNE: J'ai essayé de lui dire Nicole je comprends que tu essaies de sauver ton foyer

JAUDOUARD: Jamais je n'aurais pensé assister chez un être humain à une pareille déchéance

ANNE: Mais c'est la dernière des choses à accepter Yvette et toi vous allez vous entre-déchirer ce qu'elle m'a répondu m'a bouleversée je lui ai dit mais c'est contre nature et tes enfants

JAUDOUARD: L'exemple qu'ils vont avoir sous les yeux ça va grandir pour finir par remplir les prisons les asiles cette racaille pour la nourrir ça va être encore l'argent du contribuable à la fin qui paye toujours les mêmes ceux qui travaillent ceux qui essaient de maintenir quelques principes dans leur vie à eux

ANNE: Oui moi j'ai peur pour Judith Yvette a pris de l'influence sur Judith

NICOLE: Pour l'occasion il m'a vouvoyée Nicole la décision que j'ai à vous transmettre il s'est mouché il a dit qu'un chef n'a pas de devoir plus pénible

GUILLERMO: Il a refusé ce matin de boire son chocolat

YVETTE: Roger est un petit mec affreux il le taquine et Mathieu est malheureux parce qu'Antoine rigole

GUILLERMO: Je ne voudrais pas que Mathieu se sente rejeté

NICOLE: Le CRCS a conclu à la redondance de deux postes dont le vôtre alors je lui ai demandé ce que la maison me proposait il m'a dit que pour moi il n'y avait rien vous n'ignorez pas j'imagine qu'on ne balance pas comme ça une déléguée syndicale ces détails-là seront réglés comme il convient qu'il m'a dit vous verrez le Service du Personnel et Anne que je lui ai demandé

JAUDOUARD: Donner un rythme plus rapide au renouvellement du parc c'est son idée maîtresse à M. Bataille dans un marché global en régression si l'on veut accroître les ventes il faut augmenter la rotation alors pour cela il faut des produits de moindre durée de vie et freiner sur les réparations en multipliant les incitations à une nouvelle acquisition

NICOLE: C'est vrai qu'elle est mutée au secrétariat du Service du Personnel?

JAUDOUARD: C'est une solution qui vous conviendra très bien vous verrez changer d'horizon

ANNE: Je ne sais pas je ne sais plus je ne m'y reconnais plus alors peut-être

JAUDOUARD: C'est ce que pense M. Bataille avec cette multiplication de lois sociales qui sont faites pour empêcher les affaires de tourner c'est un service qu'il faut étoffer avec une personne mûre qui a du doigté ça va me manquer de ne plus avoir affaire à vous Anne on s'était habitués

YVETTE: Alors samedi on finit la peinture dans la salle de bain et le séjour

NICOLE: Et on accroche la photo de ton père que tu as retrouvée

ANNE: Dans les couloirs on se croisera

NICOLE: Tu veux bien?

GUILLERMO: En trente-six sous la torture le frère de maman a livré son nom ils l'ont arrêté à Bilbao

JAUDOUARD: Vous viendrez peut-être me voir

ANNE: Où?

JAUDOUARD: Dans mon bureau et puis

GUILLERMO: Ils étaient trois ensemble dans ce cachot on a su que les gardes les ont achevés quinze ans après moi je suis entré chez Cosson comme on entre en religion

JAUDOUARD: Chez moi avec ma femme c'est toujours un peu la même chose j'ai pensé qu'on se connaît assez

ANNE: Mais vous n'êtes pas sérieux

JAUDOUARD: On a des choses en commun

GUILLERMO: Longtemps j'ai essayé d'imaginer et puis j'ai tout balayé

YVETTE: Le mien moi c'est simple il a mis les voiles quand maman était malade et que j'étais atroce avec elle et le médecin m'a dit qu'il fallait se préparer

JAUDOUARD: Une fois ou deux par semaine après le bureau on a besoin de se changer les idées

ANNE: Vous n'êtes pas sérieux Maurice[53]

YVETTE: Je ne lui donne pas plus d'un mois qu'il m'a dit je n'ai pas tout de suite compris et tout d'un coup j'ai compris elle a vu que j'ai compris du coup elle-même a compris

NICOLE: Guillermo tu n'as pas envie d'un enfant à toi

YVETTE: Ou deux?

NICOLE: Un avec chacune?

ANNE: Mon mari et moi tous les problèmes qu'on a eus avec Judith ça aurait dû nous rapprocher

YVETTE: Trois plus deux ça fera cinq

NICOLE: Si tu comptes l'affreux Roger

JAUDOUARD: J'y pense

ANNE: Depuis quand?

JAUDOUARD: Ma sinusite en février

ANNE: Cécile m'avait prédit elle m'avait dit fais attention ce monsieur est un polisson Cécile me connaît bien elle sait que je ne m'engage pas à la légère

YVETTE: Cosson Après-Vente

NICOLE: C'est notre supériorité le procédé de fabrication n'a pas varié l'émail a résisté

ANNE: Et vous croyez que je dois accepter?

JAUDOUARD: Tu seras bien là

ANNE: C'est quand même une couleuvre à avaler[54]

YVETTE: Ça va être la maison du berger

JAUDOUARD: Et ça me sera précieux à moi d'avoir quelqu'un de proche dans le Service du Personnel

NICOLE: Dans un cas pareil Monsieur Jaudouard qu'est-ce qu'on répond? Nous lui avons déjà écrit trois fois

ANNE: Non je ne t'en veux pas au contraire Yvette j'aime autant ça

JAUDOUARD: Allez vous plaisantez Guillermo plaisante

YVETTE: Un tuyau peut-être Anne oui de temps en temps

GUILLERMO: C'est prêt Nicole il y a M. Jaudouard qui te parle

FIN

LES VOISINS

Pièce en Trois Actes

First published in *Théâtre II*, Actes Sud (Arles) et L'Aire (Lausanne) 1986.

First produced at Le Jardin d'hiver (Théâtre Ouvert), Paris, 17 October 1986, in a co-production by Théâtre Ouvert, Le Théâtre Eclaté et le Centre d'Action Culturel d'Annecy, La Comédie de Caen and Le Grenier de Toulouse. This production was awarded the Ibsen Prize.

mise en scène	Alain Françon
décor	Yannis Kokkos
BLASON	Raymond Jourdan
ALICE, *sa fille*	Anouk Grinberg
LAHEU	Robert Rimbaud
ULYSSE, *son fils*	Charles Berling

La pièce se joue sans entracte.

Le premier et le troisième acte sont en temps réel. Le deuxième acte couvre une période d'un an, et comporte dix séquences qui s'enchaînent sans autre interruption que le temps pour les lumières de descendre jusqu'au noir et de remonter aussitôt comme une balle touche le sol et rebondit. Aucune autre musique que l'andante du Divertimento K. 563 de Mozart, et ce, seulement le temps des deux changements de décor d'un acte à l'autre.

PREMIER ACTE

A l'arrière-plan, le dos de deux maisons jumelles; par-devant, la terrasse qui leur est commune: Blason et Alice y dressent la table, disposent chacune avec une porte-fenêtre à double battant donnant sur le séjour, et une porte ouvrant sur la cuisine.

BLASON: Un trou[1] de huit cent mille et quelques francs

Le bruit, à peine perceptible, d'une sonnerie.

Chez eux non?
Le téléphone

Alice hésite, bondit dans la maison de droite. Revient tranquillement quelques instants après.

ALICE: Ulysse

BLASON: C'est pour Ulysse?

ALICE: Pour lui
Ulysse personnellement
Une de ses clientes

BLASON: Daphné?

ALICE: T'as deviné encore elle
Urgent
Fais-moi penser à lui dire qu'il la rappelle

BLASON: Prends un papier et marque Ulysse rappelle Daphné
Emus comme on va être quand ils vont arriver toi et moi on risque d'oublier les flûtes à champagne il faudrait les rincer depuis le temps qu'elles sont restées à l'ombre dans le vaisselier jusqu'au dernier soupir
Il l'a caressée[2]

ALICE: (*écrivant.*) Ulysse

BLASON: Est sous le choc

ALICE: (*écrivant.*) Rappelle Daphné

BLASON: Tu peux compter c'est les deux premiers tiers de sa vie aujourd'hui qu'il enterre vu que le mois dernier on a fêté ses vingt-quatre ans

Et elle est née sur cette terrasse il y a seize ans

ALICE: Oh je me souviens et ça? Ces grains noirs c'est du caviar? Du vrai?

Elisa

BLASON: Mets tes lunettes et regarde ce qui est imprimé sur l'étiquette

En petits caractères Alice à droite tout en haut

ALICE: Importé d Iran

Ulysse et moi terrifiés

On était recroquevillés par terre dans ce coin la main dans la main pendant que Suzanna accouchait

Et ça?

BLASON: Du rouge il est moins rare il y en a qui préfèrent

Tout est relatif mais c'est moins cher j'en ai pris le double

ALICE: Et t'as sorti les vieilles serviettes roses

Bordées de dentelle

BLASON: Brodées par ta maman

Un an avant son accident

ALICE: Tu dis toujours son accident tu y étais moi aussi

BLASON: Seulement toi et moi aujourd'hui on est ici

ALICE: Aujourd'hui oui

Quand même

C'est pas notre accident ?

Elles ont presque vingt ans

BLASON: Les assiettes avec la guirlande de lierre au milieu en ont peut-être plus de cent

Le service vient de mes arrière-arrière-grands-parents et c'est du Sèvres[3]

Un coup de torchon Alice avant de les mettre à leur place

Le petit couteau à la gauche du grand

ALICE: Dans notre restaurant à Ulysse et à moi

J'aimerais qu'on serve sur des assiettes

Pas comme ça pas de la porcelaine fine mais pas n'importe quelles assiettes

Quelque chose qui ait du caractère

BLASON: De la classe effectivement

Vous avez intérêt si vous voulez attirer la bonne clientèle

Mais dans un restaurant même en supposant un lave-vaisselle à haut rendement comme vous en voudrez un sûrement

Vous aurez beau être soigneux tous les deux avec la manutention t'as pas idée comme ça va vite

La casse

Il faut compter un taux de rotation de onze mois

ALICE: Ça veut dire quoi?

BLASON: Que chaque assiette a une durée de vie moyenne de onze mois

ALICE: Comment sais-tu ça dans ta clientèle t'en as tant que ça des restaurants?

Je ne savais pas que les restaurants s'assurent aussi contre le bris de vaisselle

BLASON: Dans la théorie on peut s'assurer contre tout c'est une question de coût

Dans la pratique c'est-à-dire dans les conditions normales d'exploitation d'un établissement le bris de vaisselle n'est pas un risque que les compagnies assurent

Mais je parcours régulièrement une vingtaine de revues professionnelles les publications de toutes les plus importantes professions ce qui fait que dans mon métier je sais généralement à qui je parle un inconnu arrive à l'avance je connais son problème

Les statistiques je n'ai pas besoin de les regarder deux fois

Le beurrier à côté du pain grillé c'est plus fort que moi

ALICE: Tu aimes

BLASON: Je retiens

Les pourcentages me collent à la peau

C'est

Laheu et Ulysse entrent. Un brusque et long silence. Sourire de Blason.

Laheu tu vois par exemple

Eh bien pour Laheu les statistiques c'est une plaie il a horreur de ça il dit

Les chiffres sucent la vie des choses

Un silence.

LAHEU: Blason pour lui les choses commencent à vivre quand il les met dans des colonnes

Elles n'ont pas de réalité pour lui autrement

BLASON: Prends Laheu

Laheu ne s'intéresse à une chose que si elle est unique

Mais ça n'existe pas une chose unique

Les choses n'existent que parce qu'elles forment des séries

Et il le sait bien le bougre

Ulysse et Alice, les doigts liés[4], les regardent. Sourire de Laheu.

LAHEU: Ah mais ça n'est pas croyable

Pour qu'il s'intéresse à quelque chose il faut que cette chose n'existe plus en elle-même qu'elle soit dissoute dans la bouillie des grands nombres

BLASON: Un cas particulier n'est qu'un cas particulier

LAHEU: Une moyenne ça n'est plus rien

BLASON: Non mais écoutez-le

Celui qui dit ça est censé être le chef du service contrôle qualité de l'Universelle Biscuit

Sur quelle méthodologie repose votre travail si j'ose demander?

LAHEU: C'est peut-être que ma blouse blanche je la laisse à l'usine tandis que vous

Vos manchettes de lustrines[5] même sur votre pyjama n'est-ce pas

Ulysse regarde ce qu'ils ont préparé là

BLASON: Vous travaillez peut-être sur un biscuit à la fois?

LAHEU: Tu n'as encore jamais goûté ça

ALICE: Ni moi

ULYSSE: Alors voilà

ALICE: Voilà qu'il a dit Ulysse

ULYSSE: J'ai pris ma plus grosse commande

LAHEU: Caviar champagne pour nous tout ça Ulysse

ALICE: Plus grosse que quoi?

BLASON: Quand un être vous quitte qui vous est cher

LAHEU: Et pas n'importe lequel

Moët et Chandon Ulysse

ULYSSE: La plus grosse depuis que je voyage pour Christophle une commande de soixante-cinq mille francs de Mme Daphné

Chez Daphné s'agrandit

ALICE: Ça m'y fait penser Ulysse

BLASON: Fallait marquer

ALICE: Faut la rappeler

BLASON: Plutôt que de pleurer

Oh ce n'est pas un festin

ULYSSE: Mme Daphné a téléphoné?

BLASON: Ça n'empêche pas d'avoir du chagrin

ALICE: On va fêter aussi sa commande

ULYSSE: Ah bien j'y vais

Il entre dans la maison de droite.

LAHEU: Ulysse pour le moment il est bouleversé

BLASON: Et où vous l'avez enterrée?

LAHEU: Un coin de la forêt qu'elle affectionnait jonché d'épines et de
pommes de pin

ALICE: Je le connais

BLASON: Mais servez-vous

LAHEU: Oui

Souvent avec elle et Alice il y allait

Il lui lançait une pomme de pin elle bondissait après elle la rapportait
t'aurais pu venir tu sais?

ALICE: Ulysse m'a dit non et que c'était une affaire entre père et fils

J'ai pensé que papa aurait besoin de moi pour tout préparer

Retour d'Ulysse.

Par rapport aux hommes c'est une question que les femmes
n'arrêtent pas de se poser

Est-ce qu'il faut les écouter?

ULYSSE: Elle a appelé pour ajouter quatre services à poisson

Trianon[6] de mille huit cent chaque

Ça fait une commande de pas loin de soixante-dix mille si je compte
les services à poisson

BLASON: Et vous avez planté quelque chose? Non? Quel dynamisme
quand même

Alors que les jeunes se marient de moins en moins quarante-trois
pour cent des couples au-dessous de vingt-cinq ans vivent en concubi-
nage contre vingt-huit pour cent il y a seulement dix ans il faut dire que
ce n'est pas seulement le mariage tout se débobine de quelque côté
qu'on se tourne ils ont trouvé

Un trou de huit cent mille francs au bilan de Macassin Frères

Une maison fondée en 1873

Et vous croyez que ça m'étonne?

LAHEU: On a creusé au pied d'une pierre qui avait un à-plat

Ulysse a gravé son nom sur l'à-plat

BLASON: Un jour ou l'autre ça devait arriver

ALICE: Elisa

ULYSSE: Et voilà

ALICE: Voilà qu'il a dit Ulysse encore une fois

ULYSSE: Elle dit justement que ça leur reprend aux jeunes il y a une remontée du chiffre sur les listes de mariage

Elle dit Mme Daphné qu'il y a un retournement de la tendance les beaux jours

BLASON: Reviennent?

LAHEU: Témoin vous deux qui parlez maintenant d'aller devant le maire si j'ai bien compris[7]

BLASON: Moi je leur dis allez en voir d'autres histoire d'être sûrs de pas se tromper ces deux-là n'ont jamais connu que l'un l'autre

ALICE: La tombe Ulysse

Tu m'emmèneras voir?

ULYSSE: On la voit bien aujourd'hui

Ta cicatrice

ALICE: C'est quand j'ai pleuré

Elle me fait ça et vous savez je la lui ai demandée finalement hier à M. Jonc

Mon augmentation

Monsieur Jonc ça fait deux ans que mon salaire a pas bougé

Il faut que vous me le disiez si je ne donne pas satisfaction

Alice mais bien sûr Alice il faut que j'y pense

Mais en ce moment M. Jonc ne pense qu'à M. Delorge

A pas bouger je lui ai dit mon salaire n'est plus le même avec l'inflation

Delorge court les ministères Alice seulement il ne sait pas que j'ai moi aussi des amis au ministère

Ça se joue à couteaux tirés Delabastille m'a téléphoné Alice Delorge hante les couloirs des ministères pour faire échec à mon projet

Mais je l'attends au tournant

Ça n'est pas un salaire de secrétaire de direction que vous me payez Monsieur Jonc c'est un salaire de petite dactylo

Vous m'y faites penser la semaine prochaine Alice mais il ne pense qu'à ses machinations contre M. Delorge[8]

LAHEU: Fais-lui peur Alice

Je vous claque la porte au nez Monsieur Jonc

BLASON: Je passe chez Delorge

LAHEU: Avec tous vos secrets

ALICE: Il me tuerait

BLASON: Ça serait bien fait

LAHEU: Quand même cette satanée fripouille pourrait[9]

BLASON: C'est un seigneur

LAHEU: Je me ressers si vous permettez

BLASON: Champagne? Et toi Ulysse?

Il n'entend rien il se tient là comme un poteau avec sa flûte vide

LAHEU: Il sait cogner

BLASON: Gagner[10]

Il faut boire Ulysse arrive ce qui doit arriver

ULYSSE: Avec Alice j'y retourne

BLASON: Sur la tombe?

ULYSSE: J'y ai laissé mon canif

Ulysse et Alice sortent.

LAHEU: Cogner pour gagner c'est bien ce qu'ont toujours fait les fripouilles mais vous ça vous laisse béat

Vous avez la mentalité d'un manant au Moyen Age[11]

BLASON: Est seigneur qui gagne

Ça a toujours été comme ça dans l'histoire et pas seulement au Moyen Age

Jonc est un grand bonhomme qui

LAHEU: Piétine tout sur son passage

BLASON: C'est comme il faut

LAHEU: Vous qui êtes le scrupule même

Trente ans qu'on se côtoie Blason je vous connais

BLASON: Je ne suis pas un entrepreneur moi

J'avance à petits pas

Mais j'avance

Regardez

LAHEU: Qu est-ce que c'est?

Blason lui tend un petit paquet, que Laheu commence à déballer.

BLASON: Plus lourd que ça n'en a l'air hé

Je suis allé en prendre livraison hier

Je n'ai rien dit encore à Alice

LAHEU: Il n'était pas peu fier Ulysse

Avec sa commande grosse comme ça

BLASON: Lui non plus Laheu

Il ne sera jamais un entrepreneur

Un lingot un kilo Laheu mon cinquième

Vous allez m'aider à soulever

LAHEU: Comme ça vous continuez?

BLASON: Les économies des trois dernières années heureusement qu'il y a vous

Sans vous je ne pourrais jamais l'ouvrir cette trappe mes mains je n'ai jamais rien su faire de mes mains

Laheu retire un levier de sa boîte à outils, entreprend de soulever une dalle dans le sol de la terrasse.

LAHEU: Quand même

Qui croirait une chose pareille? Vous qui êtes plus ou moins dans la finance

Vous devriez savoir que l'argent est fait pour travailler

BLASON: C'est vous qui dites ça vous qui n'en avez pas

LAHEU: Si j'en avais

BLASON: Ce qui n'arrivera jamais

LAHEU: Je le mettrais au travail

BLASON: L'avenir ne vous fait pas peur à vous parce que vous n'y pensez pas moi je n'arrête pas d'y penser

J'ai cette maison j'ai Alice et j'ai vous comme voisin mais tout ce qui est alentour se débobine

L'insécurité vous ne la sentez pas qui s'accroît sans cesse alors que ça fait un va-et-vient dans ma tête qui m'empêche le soir de fermer l'oeil

Mais vous avez la chance d'être aveugle et sourd à tout ce qui se passe dans le monde où nous vivons

LAHEU: Je vous demande pardon pas du tout je lis les journaux

On est dans une charrette et il y a toujours eu des cahots mais il est toujours là le monde plus que jamais là et il suffit de s'équiper d'une solide paire d'amortisseurs

Un à l'avant l'autre à l'arrière

BLASON: Aucun espoir que jamais on se comprenne

Quand même admettez que pour se lancer dans la vie il faut payer son billet d'entrée?

LAHEU: Je ne sais pas de quoi vous me parlez

BLASON: J'ai pensé que disons la petite moitié de ce qui est là sous nos pieds pourrait servir à l'achat d'un toit puisqu'ils ont ce restaurant dans la tête

Parce que ça travaille dessous Laheu quoique vous en pensiez

Le premier kilo quand vous m'avez aidé à le déposer là il y a quatorze ans vous vous souvenez il vaut aujourd'hui vingt fois sa mise

Il n'y a rien ni actions ni obligations ni la pierre qui ait donné un meilleur rendement

Sans faire de bruit ça travaille et la guerre peut éclater les banques peuvent sauter

LAHEU: Je crois bien que vous êtes fou à lier

BLASON: J'admire qu'on puisse être aussi bouché

LAHEU: Peut-être avez-vous raison et c'est moi qui suis fou

BLASON: Incontestablement si j'étais vous je vivrais plus heureux

LAHEU: C'est que

Dans le métier que vous exercez vous êtes amené à tout regarder du point de vue des risques que ça fait courir

BLASON: Vous croyez que je fais ce métier par hasard?

Il n'y a pas de hasard

LAHEU: Vous croyez que tout est écrit?

L'accident?

BLASON: Tout

LAHEU: Et la mort de votre femme? C'était écrit peut-être qu'elle allait laisser sa peau dans l'accident?

Votre fatalisme est monstrueux

Ma femme m'a plaqué parce que je lui ai donné des raisons graves de le faire et de tomber amoureuse de quelqu'un d'autre

Pourquoi ne conduisez-vous plus ? Vous pourriez reconduire si d'avance tout est joué

BLASON: C'est écrit quelque part je ne sais pas où

Que je ne conduirais plus

LAHEU: Pas du tout

La voiture remue des choses en vous et vous fait horreur

Et si demain un cambriolage se produisait?

Et si Ulysse rencontrait une autre femme?

Les deux hommes s'esclaffent et touchent du bois. Alice et Ulysse sont réapparus. Ils sont au loin et se tiennent enlacés. Ils approchent et plongent le regard dans la trappe avec curiosité. Clin d'œil entre les pères. La nuit tombe.

Noir

DEUXIEME ACTE

Le lieu est le meme, à ceci près qu'un bon quart du sol de la terrasse a
été défoncé – celui où se trouvait la trappe – et présente un aspect
chaotique. Laheu et Ulysse dressent la table, disposant quatre couverts.[12]
Fin d'après-midi.

ULYSSE: Elle m'en a passé une encore plus grosse
Huit services complets Pompadour six petits déjeuners Antoine-et-Cléopâtre quatre seaux à glace Chambord en métal argenté quatre plateaux trois saladiers en cristal taillé deux vases de chez Daum quatre paires de chandeliers Chenonceau douze dessous de plat et rien que la soupière ça chiffre une soupière Beauharnais à elle toute seule hors taxe[13]

LAHEU: Ulysse

ULYSSE: Trois mille huit cent vingt francs

LAHEU: Sors de ton rêve
Les couteaux de l'autre côté tu devrais le savoir
A droite c'est l'ABC du métier
Comment t'expliques-tu
Que nous n'ayons rien entendu?

ULYSSE: Si Elisa avait encore été là

LAHEU: Blason préfère le Bordeaux
J'ai remonté un Bordeaux de derrière les fagots
Mais je crains

ULYSSE: Elle aurait aboyé

LAHEU: Mais c'est que ça a dû faire un bruit de tous les diables
Mais on ne fait pas ça sans que ça fasse un boucan effroyable
Pourquoi
Mais surtout
Comment ont-ils su

Alice est apparue.

ALICE: Papa tarde

ULYSSE: (*s'esclaffant*) Elle s'est mise en pantoufles

LAHEU: Mais comment ont-ils pu savoir

ALICE: Ils m'ont quand même laissé mes pantoufles

LAHEU: Ton papa a gardé son calme Alice je l'ai admiré
Vraiment mais je crains
Je ne sais plus

ALICE: Je me demande pourquoi ils n'ont pas emporté cette paire de pantoufles
Ils ont emporté mes bottes de daim mes sandales italiennes en cuir blanc jusqu'à ma dernière paire de chaussures
Toutes les chaussures de papa tous ses complets son linge toutes mes affaires à moi mes sous-vêtements mon peigne ma pendulette Le Lys dans la vallée que je venais de commencer il était resté ouvert sur mon lit

Blason apparait.

LAHEU: A table

ALICE: Ils ont éventré mon lit

BLASON: Ils appellent ça recueillir votre témoignage

LAHEU: Blason dites les choses sérieuses d'abord une bouteille qui a dix-sept ans d'âge
Cette partie-là vous vous y connaissez mieux que moi Ulysse dit on la décante ça vous paraît juste ça ?

BLASON: Absolument on la décante au bout d'une heure et demie à répondre à leurs questions
Ah dites ça n'est pas n'importe quelle piquette[14] ça Laheu
Vous aviez encore ça dans la cave ? On n'en trouve plus des comme ça
Mais c'est qu'ils ne vous croient pas

LAHEU: Ulysse a cuit une poule au riz

ULYSSE: La dernière que j'aie faite

BLASON: Je me souviens

ULYSSE: Mais c'est une nouvelle recette

BLASON: Ah bien
Ils finissent par vous faire croire

LAHEU: Vous vous demandez si c'est pas vous qui avez fait le coup

BLASON: Le coupable c'est vous

LAHEU: Oui c'est vous

ULYSSE: Mme Daphné en a passé une encore plus grosse

BLASON: Pas vrai
Ils vont venir te chercher pour témoigner toi aussi

Faudra que tu délies un peu ta langue

ALICE: Ça va le faire souffrir Ulysse

T'es suspect Ulysse

LAHEU: Toi et moi on est les premiers suspects

M. Blason pour nous n'avait pas de secret

BLASON: C'est ce qu'ils m'ont demandé c'est ce que je leur ai dit

LAHEU: Eh oui

Passez-moi votre assiette

J'avais la clé la cache sous la terrasse

BLASON: Cette dalle et ce qu'il y avait en dessous

Vous connaissiez

LAHEU: Et l'endroit où elle était

BLASON: Et comment l'escamoter

Moi-même

LAHEU: Vous? Bien trop maladroit pour tout seul y arriver

Rires.

Votre verre Blason

BLASON: Attila est passé par là

LAHEU: On finira par savoir

ALICE: Quand même

LAHEU: Alice ton verre à toi aussi

ALICE: Cet acharnement à tout détruire comme une rage qui les a pris

ULYSSE: Ils avaient des haches j'en suis sûr ça a l'air comme s'ils ont donné des coups de hache

ALICE: Dans tout ce qu'ils ne pouvaient pas emporter

BLASON: A part ce qu'elle a sur le dos

Tu es toute nue Alice il ne te reste rien

ALICE: Le trou papa s'ils n'avaient pas trouvé le trou mais le trou ils l'ont trouvé

Alors pourquoi

Arracher les tentures lacérer la moquette

BLASON: Qui savait?

Dis-moi qui?

ALICE: Toi aussi

Plus une chemise plus un pantalon

BLASON: Sans chemise sans pantalon

Pas d'effraction l'assurance

LAHEU: Ne joue pas?

BLASON: Qu'est-ce que vous croyez?

Rires.

Ce qu'on appelle un sinistre total et pas une clause qu'on puisse faire jouer

A l'endroit comme à l'envers je peux vous les réciter

ULYSSE: Ça a sonné

LAHEU: Sans doute moi qu'ils viennent chercher à chacun son tour je suppose de passer à la casserole[15]

Mais écoutez Blason vous n'avez pas une idée? Pas la moindre?

Il entre dans la maison de droite.

ULYSSE: En attendant M. Blason Alice et vous

Papa a dit que vous vous installez chez nous toutes nos affaires sont à vous l'argent vous savez où il est vous prenez ce qu'il vous faut pour vous racheter le nécessaire

Moi je couche au grenier Alice va occuper ma chambre papa a préparé la sienne pour vous il a transporté ses affaires dans le bureau

Si Elisa avait été là elle aurait aboyé

Fondu-enchaîné 1.[16]

Blason et Laheu, attablés, prennent le petit déjeuner.

BLASON: Mais pour l'obtenir son augmentation il a quand même fallu qu'elle lui présente sa démission en bonne et due forme sans doute qu'il s'est dit

Les deux hommes gloussent.

LAHEU: Elle passe chez Delorge

BLASON: Pas mal non

Cette gelée de cassis

LAHEU: Et elle trouve le temps de faire des confitures je vous dirai ce n'est pas moi qui m'en plaindrai parce que c'est une chance pour ce garçon mais Ulysse n'est pas fait à sa mesure

BLASON: Vous me fâchez c'est vous qui l'avez fait vous doutez de lui il le sent alors il se replie sur lui-même

L'oiseau n'est pas complètement sorti de l'oeuf mais attendez il va nous surprendre il va voler haut

LAHEU: Chaque année vous me le dites

    Depuis vingt ans

BLASON: Parent on est impatient et puis une fille se déploie plus vite c'est connu

    Dix-huit pour cent et elle a obtenu la rétroactivité au premier janvier à sa place moi

    Je crois que je n'aurais pas eu l'aplomb de la réclamer M. Jonc a cédé sur toute la ligne

    Il devait redouter

Les deux hommes gloussent.

LAHEU: Qu'elle passe chez Delorge

BLASON: Sachant tout ce qu'elle sait mais aussi

    Jonc vient de réaliser un coup énorme

    Delorge avait obtenu le permis de construire on vient de le lui retirer

LAHEU: La surélévation de sa tour?

BLASON: Vous n'y êtes pas du tout l'affaire des huit étages de plus ne chiffonne que les urbanistes Jonc laisse faire

    Non il s'agit du Centre Commercial

    Le Centre Commercial avec la double spirale de galeries marchandes l'hypermarché

Alice entre.

    Parce que vous savez que c'était sa grande idée depuis l'origine à M. Jonc n'est-ce pas Alice?

    Qu'il y ait un jour un Centre Commercial portant son nom au coeur de la ville

    Et voilà que vient se nicher sur son territoire à lui le grand carnassier un ancien coureur cycliste

    Il ne suffit pas de gagner deux ou trois fois le Tour de France

    Alice on va pouvoir réemménager chez nous

    Même si on est en même temps un homme d'affaire avisé

LAHEU: Ça n'est pas pressé

BLASON: Pas qu'on n'est pas bien chez vous

    Ça ne fait rien demain les travaux de remise en état sont terminés

LAHEU: Alice je dois te féliciter

BLASON: On peut dire que vous nous avez dépannés

LAHEU: Ton augmentation tu ne l'as pas volée

Ulysse vous le dira
Vous nous manquerez
Oui

Ulysse entre.

BLASON: Oui c'est à ça qu'une épreuve peut servir on apprend à se connaître et on découvre son voisin

LAHEU: On se découvre soi-même surtout parce que pour le voisin
Vous saviez bien

BLASON: Alice et toi Ulysse
Un café?

ALICE: Ah volontiers
Et toi?

ULYSSE: Ma meilleure cliente a plongé

LAHEU: Daphné?

ULYSSE: Il y avait du retard dans le règlement de sa dernière commande
Je m'en faisais pas trop

ALICE: Tu n'as pas répondu si tu voulais un café

ULYSSE: Le magasin est sous scellés et elle
Ils ont arrêté un gang de jeunes au milieu d'un casse flagrant délit il y en a un qui s'est mis à table
« Un beau coup de filet » c'est le titre dans le journal de ce matin ils ont avoué une série de cambriolages et que Mme Daphné

BLASON: Tiens

Un silence.

Tiens

ULYSSE: C'était elle le cerveau et c'est comme ça qu'elle finançait son expansion parce qu'elle touchait vingt pour cent de toutes les prises
Ils l'ont coffrée

BLASON: Mais alors

Fondu-enchainé 2.

Vers le soir. Blason, seul, dresse la table. Quatre couverts. Alice et Ulysse entrent.

ALICE: Tu sais je crois qu'on l'a trouvé

BLASON: Ce n'est pas bien Alice tu m'as laissé tout seul pour tout préparer

Alors ta parole

ALICE: Notre petit restaurant

BLASON: Si tu ne tiens plus ta parole

On annonce à M. Laheu qu'il y aura la fête et tu devais faire les pommes soufflées

ALICE: Petit papa quand tu sauras pourquoi

ULYSSE: Oup'pardon c'est ma faute M. Blason c'est moi qui l'ai entraînée

La fermette vous la voyez celle qui est en haut de la côte après le virage juste à l'entrée de la forêt

ALICE: Où Elisa est enterrée

ULYSSE: On pensait que ça serait pas long on a pris les vélos

ALICE: De là-haut on embrasse toute l'étendue du pays ce matin Ulysse en allant visiter la tombe est passé devant et ils venaient de placer un écriteau « à vendre »

ULYSSE: J'ai été cueillir Alice à sa sortie du bureau on s'est présentés on a visité

ALICE: Il n'y en a pas deux comme ça dans un rayon de cinquante kilomètres ça va s'arracher

Il faut faire vite

Laheu entre.

LAHEU: Quelle est cette excitation?

BLASON: Il y aura du retard pour le dîner

Et c'est le jour où on célèbre M. Laheu et son hospitalité

Ah Laheu je suis ennuyé

Ça ne fait rien racontez

ALICE: Le rêve

BLASON: Mais pas le premier sou pour le payer

ALICE: Je peux emprunter

A plusieurs reprises M. Jonc m'a dit qu'il m'aiderait volontiers

BLASON: Et tu te mettrais entre ses griffes? Laheu vous me direz si j'ai raison ou tort de penser que ces enfants sont en train de perdre les pédales Ulysse

Fais-moi sauter ce bouchon et hop plus vite que ça la dernière fois c'était pour honorer la mémoire de cette pauvre Elisa

Ouvre le frigo Alice apporte le foie gras entier des Landes Monsieur Bordier Laheu vous vous souvenez je vous en ai quelquefois parlé et toujours en bien

LAHEU: Le vieux chef comptable chez vous

BLASON: Depuis trente-cinq ans M. Macassin l'a mis à la porte sans préavis et il s'est suicidé ce qui n'explique toujours pas le trou de huit cent mille francs

Sonnerie du téléphone. Alice entre dans la maison de gauche.

Il fallait un coupable

Et allume le four

Foie gras des Landes filet mignon pommes soufflées le chambertin est chambré il faut dire qu'elle sait les faire craquantes[17]

Qu'est-ce que tu attends ? Raconte Ulysse

A votre santé et sans façon c'est pour vous remercier

LAHEU: Moi je vous rends hommage pour cette leçon de courage

Santé

Sous le coup vous n'avez pas flanché

BLASON: Mais il ne faut pas laisser ces enfants s'emballer

Je bois à l'exemple que vous avez donné

LAHEU: Santé

BLASON: Santé

Alice les rejoint.

Le foie gras Alice

ALICE: L'or papa

BLASON: Alors

Quoi? Le foie gras je te dis

ALICE: Je dis l'or

Ils en ont retrouvé

Chez Daphné ils ont perquisitionné

Le commissaire veut te parler

Fondu-enchaîné 3.

La nuit. Blason et Laheu devant un verre de bière.

BLASON: D'abord parce que je vous dis que les policiers sont des imbéciles

Mais mettez-vous à la place de Daphné

Vous n'en lisez pas vous des romans policiers

On trouve chez elle un lingot d'or on identifie ce lingot d'or il appartient à Blason chez Blason il y a eu un cambriolage bon

Et elle qu'est-ce qu'elle a à perdre ? Elle a déjà reconnu qu'elle est à la tête de ce gang de petits jeunes qui font tous les cambriolages de la région

La boucle est bouclée difficile pour elle de prétendre qu'elle est étrangère au cambriolage chez Blason

Les policiers la cuisinent il fallait bien qu'elle ait eu un complice pas d'effraction et comment aurait-elle su qu'il y avait une trappe dans le sol de la terrasse?

Alors elle pense à Ulysse qui passe lui prendre commande de temps en temps

Ulysse qui est le fils du voisin de Blason vous me suivez?

Et les flics de gober cette histoire

LAHEU: Mettez-vous à la place des flics

BLASON: Bien sûr

Trop contents

LAHEU: Parce qu'elle tient debout cette histoire

BLASON: Dans le genre de tête qu'ils ont

LAHEU: Alors vous ne croyez pas?

BLASON: Laheu il faut nous que nous gardions la tête solide

Ulysse est la pureté même un garçon qui croit que le monde autour de lui est pur comme lui et Daphné lui passait de grosses commandes

Sa façon de rire des yeux quand il nous l'annonçait

Quittez cet air effondré

Bordier s'est suicidé parce que les flics ils poussent leurs pions il leur faut remplir leurs cases et Bordier je peux vous affirmer que c'était l'intégrité personnifiée

Par malheur pour lui il s'est montré un peu trop confiant

Vous imaginez peut-être que j'ignore dans quelle poche ils se sont empilés les huit cent mille francs ? Allez[18]

Tel père tel fils vous avez la même candeur pour ne pas voir les choses en face vous vous valez

Au moins il y a un lingot sur cinq de récupéré c'est de ça que je voulais vous parler

Cette fermette là-haut sur la colline qu'est-ce que vous en pensez?

L'argent de M. Jonc est un argent empoisonné il ne faut surtout pas y toucher

Fondu-enchaîné 4.

Début d'après-midi. Laheu seul. Entre Ulysse.

ULYSSE: Elle[19] est restée inoccupée depuis huit ans quand on circule dedans

LAHEU: Rien ne t'étonne toi

ULYSSE: Comme?

LAHEU: Par exemple que Mme Daphné
   Pour une fois je voudrais que tu m'écoutes

ULYSSE: L'odeur te colle au nez
   Chèvre ou vache d'ailleurs quand les dernières bêtes sont parties ça n'a même pas été lessivé
   Le lessivage il faudra le faire mais ça on pourrait s'y mettre tous les quatre les poutres il faudra sérieusement les gratter

LAHEU: Tu m écoutes?
   La serrure n'a pas été forcée et qui avait la clé?

ULYSSE: Je ne sais pas
   Alice aussi se demande
   Si c'est l'étable ou l'écurie qui irait le mieux pour la salle à manger
   Si c'est l'écurie
   Parce que les clients aiment bien avoir une vue à regarder entre les plats
   Pour patienter
   Alice dit
   Ou même entre deux bouchées pendant qu'ils mangent on percerait deux grandes baies vitrées si c'est l'étable
   C'est une grande belle étable ça pourrait faire une salle de séminaire pour les sociétés et une salle de banquet ça plairait

LAHEU: A la police ils t'ont gardé longtemps?

ULYSSE: Toute la matinée à quatre heures je dois y retourner ça n'est pas fini
   Dans la cour il y a un gros érable quand il fait beau on peut servir dehors
   Comme clientèle c'est intéressant
   Les sociétés elles cherchent un endroit rustique pour leurs réunions elles ne regardent pas à la dépense
   Entre l'étable et l'écurie il y a une remise ni grande ni petite
   On n'est pas loin de penser Alice et moi que la cuisine
   On pourrait installer la cuisine dans la remise entre l'étable et l'écurie

LAHEU: Ta mère était comme ça
   Elle ne répondait pas
   Qu'est-ce qui t'a pris Ulysse?

ULYSSE: Je t'explique

LAHEU: L'or toi et moi on savait qu'il y avait l'or et personne d'autre
    La dalle toi et moi on savait où elle était et M. Blason n'avait dit à
    personne d'autre
    La clé toi et moi

ULYSSE: Toi aussi tu joues à la police?
    Laisse-les faire chacun son métier

LAHEU: Pourquoi tu dois y retourner?

ULYSSE: Ils veulent me confronter avec Mme Daphné

LAHEU: Tu sais ce qu'elle a déclaré
    Elle a déclaré qu'elle te voyait très souvent chez elle
    Pas dans son magasin seulement mais dans son appartement
    Elle a déclaré
    Alors ils vont vous confronter?
    Qu'est-ce qui t'a pris Ulysse qu'est-ce qui t'a pris?
    Comment as-tu pu
    Ecoute
    Nie
    Même s'ils te mettent le nez dedans nie tu entends ?
    Bêtement comme tu sais faire
    Comme ta mère savait faire
    Bêtement jusqu'au bout
    Nie

ULYSSE: J'aimerais mieux que tu ne me parles pas comme ça

LAHEU: J'aimerais mieux que tu n'aies pas fait ça

ULYSSE: Qu'est-ce que j'ai fait?

Laheu sort. Ulysse, resté seul, émet un sifflement très particulier.
Alice entre.

ALICE: C'est comme ça que tu appelais Elisa

ULYSSE: Elle est née dans ce coin exactement ici

ALICE: Je me souviens toi et moi on était là
    D'abord il y a eu un mort-né puis un autre mort-né et puis cette petite
    touffe de poils qui bougeait

ULYSSE: Elisa

ALICE: Tu as dit Elisa et c'est resté
    Elisa
    J'ai pensé que ça ressemblait à Alice

ULYSSE: J'ai rien pensé

ALICE: Et si ç'avait été un garçon chien?
        Tu es beau Ulysse
        Je n'arrête pas de penser que tu es beau comme un chien
        Ton père hier m'a demandé ce qui m'attachait à toi
        Il ne comprend pas ce que je trouve en toi
        Je pourrai lui dire maintenant je sais
        Tu es beau et je vais te le dire maintenant mille fois
        Même si tu ne dis rien
        Ça ne fait rien
        Caresse-moi
        Comme tu caressais le ventre d'Elisa j'étais jalouse presque ce soir-là
je sais bien qu'elle mourait mais j'étais quand même un peu jalouse
        Caresse-moi là

                Blason entre. De toute évidence, il est décomposé.

        Je peux mourir maintenant
BLASON: C'est sûrement explicable mais maintenant il faut que tu me
    dises Ulysse
        Regarde c'est la photocopie d'une feuille de papier quadrillé qu'ils
    ont trouvée chez Daphné
        Avec le plan de cette terrasse
        Une croix là où est la dalle
        Une flèche pointée sur la croix et le mot « trésor »
        De ta main du moins ils disent avoir vérifié que c'est bien ton écriture
ULYSSE: Tout à l'heure c'était papa
        Maintenant vous aussi?

    Ulysse s'éloigne lentement et sort, Alice le suit. Blason reste interdit.
                        Laheu entre.

BLASON: Vous aviez raison
        C'est lui
LAHEU: Comment j'avais raison?
BLASON: Ce plan regardez tout y est
LAHEU: Et puis?
BLASON: Il est de la main d'Ulysse
LAHEU: De la main d'Ulysse vraiment?
        Vous me dites ça à moi?
BLASON: Vous avez vu clair avant moi
        Je ne vous ai pas cru

LAHEU: Que faut-il croire?
    Je ne vous comprends pas

BLASON: Mais moi maintenant je vous rejoins

LAHEU: Complètement égaré

BLASON: Qui? Moi?

Les deux hommes, sans cesser de se faire face, se sont éloignés l'un de
l'autre. Ils se regardent avec effarement.

                                           Fondu-enchaîné 5.

                      Début de matinée.

ULYSSE: Si on avait laissé un acompte tout de suite
    Mais ça a été acheté

LAHEU: Ça n'est pas une perte

ULYSSE: Alice et moi on avait fait les plans
    Elle a été achetée par M. Jonc

LAHEU: Rien dans la vie n'est jamais une perte Ulysse

ULYSSE: Pour faire de l'ombrage

LAHEU: Tout peut se retourner à notre profit

ULYSSE: Je ne connais pas un arbre dans le pays qui lui soit comparable
    sinon le chêne chez M. Viaux
    Je connais bien les environs

LAHEU: Parce qu'il faut se défendre et tu t'es bien défendu
    Bien des certitudes qui se fracassent nous ouvrons les yeux toi et moi
    La propriété Viaux a été mise en vente Delorge l'a eue pour une
bouchée de pain
    Tout s'éclaire[20]
    Daphné Blason
    Ta belle Mme Daphné et notre voisin M. Blason

ULYSSE: Il va faire là une fondation la Fondation Jonc
    Il va raser l'étable l'écurie la remise pour y mettre un petit immeuble
tout en verre miroir

LAHEU: De source sûre
    Je me suis laissé dire qu'il y avait entre eux une ancienne liaison
    Tu me suis?
    Ha ha l'un après l'autre tous les fils se relient

                                             Fondu-enchaîné 6.

Soir.

BLASON: Une trame Alice
     Dont tu n'as pas idée

ALICE: Tu n'as pas tenu ta promesse

BLASON: Il s'agit bien de la fermette

ALICE: Avec son érable
     Vendue

BLASON: Quelle heure est-il? Que fait-il?
     C'est allumé dans sa chambre
     Osera-t-il?

ALICE: Tu es dans un tel état

BLASON: Delorge est dans cette maison
     Il n'y a pas trente-six mercédès oranges et je connais la silhouette
de son chauffeur

ALICE: Quand bien même il y serait

BLASON: Ces deux-là sont de mèche et Delorge a le bras long
     L'ordre de classer le dossier est venu de haut[21]
     Affaire classée
     Oubliée

ALICE: C'est mieux comme ça
     Pour Ulysse ça a été dur

BLASON: Ah ça a été dur pour Ulysse?
     Mais est-ce que tu ne te rends compte
     De rien?

ALICE: Ce que je vois

BLASON: Ces deux-là maintenant paradent
     En terrain conquis

Laheu entre.

     Il est reparti?

LAHEU: Qui?

BLASON: Votre visiteur

LAHEU: Depuis quand vous intéressez-vous aux visites que je reçois?

BLASON: Tu me rends un petit service alors je te rends un petit service
ainsi les amitiés se tissent et s'entretiennent
     Je ne me doutais pas qu'avec Delorge vous aviez d'aussi excellentes
et intimes relations

Peut-être même que M. Jonc l'ignore

Qu'en penses-tu Alice.

LAHEU: Je venais justement vous demander

BLASON: Mais vous faisiez du cyclisme autrefois?

LAHEU: Par simple curiosité

Est-il exact que Daphné était entraîneuse dans un bar à Pigalle Aux chaudes nuits de Madrid

Quand vous l'avez rencontrée pour ne plus jamais du reste jusqu'à ce jour

Vous écarter longtemps de son sillage mais quelle heureuse idée vous avez eue

De l'inviter à venir ouvrir commerce dans cette ville précisément

Articles pour cadeaux listes de mariage le hasard fait que

Mais il n'y a pas de hasard n'est-ce pas Blason le destin

BLASON: Le destin veut que

Dommage pour vous Laheu

Il y a des propos qui se retournent contre ceux qui les profèrent

Le destin a voulu que je voie son chauffeur il faisait les cent pas

J'ai aussi des amis

Il se pourrait qu'un journaliste s'intéresse de près aux conditions dans lesquelles le juge d'instruction a pris une ordonnance de non-lieu

Alors que le dossier était

Rarement y a-t-il eu dossier aussi parfaitement accablant et je n'en sais pas autant que vous sur les antécédents de Mme Daphné elle a pu être entraîneuse comme on dit aussi qu'elle a eté bergère et qu'elle gardait des moutons

Ce que je vois c'est le geste misérable d'un père profitant de ce que son fils est un peu demeuré

ALICE: Ulysse?

BLASON: Vous l'avez jeté dans les draps poisseux de cette femme

LAHEU: Vous dites?

BLASON: Sachant que cette femme est friande de jeunes gens avant que leur pousse la moustache elle les déniaise procède à leur apprentissage leur inculque les rudiments du métier

Puis quand ils sont bons pour le service

LAHEU: C'est une hypothèse intéressante Blason permettez j'en ai une autre

Nous pourrions nous asseoir

BLASON: Volontiers

Et boire quelque chose

Alice si tu nous apportais une bouteille[22]

Ulysse est entré sans qu'on s'en aperçoive.

ULYSSE: Je peux vous en apporter une si vous voulez

Il ressort, revient avec une bouteille et deux verres. Les deux hommes
dégustent en silence la première gorgée de vin.

LAHEU: On s'est beaucoup frottés l'un à l'autre Blason je crois que je
vous connais

Vous aviez partie liée avec cette femme Daphné dès avant votre
mariage vous avez été son premier jeune garçon imberbe son premier
troupier

Se marier a été une décision de bonne gestion de votre part puisque
vous n'aviez aucun capital et votre femme venait d'hériter de cette maison

La terrasse commune ça vous déplaisait mais on verrait plus tard

Mme Blason meurt très opportunément dans un accident dont tout
ce qu'on sait c'est que vous étiez au volant aucun véhicule ni devant
ni derrière la ligne droite et voilà que la voiture fait une embardée
quelques tonneaux en souvenir sur le joli visage d'Alice qui avait quatre
ans une cicatrice

Mais vous ne supportiez pas cette terrasse commune et de ces deux
maisons accolées il était possible de n'en faire qu'une on abat le mur
mitoyen on ouvre une grande salle de séjour

Seulement il y a Laheu et son fils Ulysse alors avec Daphné vous
réfléchissez c'est elle qui a l'idée

L'or la dalle le casse le plan de la terrasse avec l'écriture d'Ulysse
soigneusement imitée

Les Laheu sont des gens limpides il faut tirer parti de leur limpidité

Blason s'est dressé, livide.

BLASON: Vous êtes un scélérat
LAHEU: Un rat
Vous
Tout court

Fondu-enchaîné 7.

Nuit.

ULYSSE: Leurs différences s'approfondissent
ALICE: Ce n'est qu'un passage[23]

Fondu-enchaîné 8.

Début de matinée.

BLASON: Que faisiez-vous hier soir?

LAHEU: Je lavais ma voiture

BLASON: Vraiment?

LAHEU: Le pare-brise après cet orage
    On n'y voyait plus goutte

BLASON: Vous buvez un verre?

Ils se servent à boire.

    Alice a quitté le service de M. Jonc

LAHEU: Elle a donné sa démission?

BLASON: Ça ne tournait pas rond

LAHEU: Ça se voit
    Qu'elle file un mauvais coton
    Chez Christophle Ulysse a des difficultés son chiffre a chuté

BLASON: Eh oui
    Depuis que Chez Daphné c'est fermé
    Vous allez bientôt avoir une surprise Laheu
    Je n'y suis peut-être pas tout à fait étranger

LAHEU: Tant mieux
    Vous savez que je pense souvent au suicide de ce pauvre Bordier
    Sur le trou de huit cent mille francs j'ai mon idée

BLASON: Vraiment?

LAHEU: Vous m'avez dit une ou deux paroles de trop

BLASON: Trop parler nuit
    L'Universelle Biscuit ne fait pas de si bonnes affaires n'est-ce pas? La concurrence est rude avec les grands groupes cette dimension d'entreprise n'est plus viable vous me l'avez expliqué il faut diversifier et concentrer vous savez que M. Jonc n'en est pas à sa première acquisition dans le domaine de l'alimentation
    Pensez son père tenait la petite boucherie sur la place du Marché et maintenant regardez
    Dans deux mois inauguration du Centre Commercial Jonc vingt-huit mille mètres carrés
    Un soir au Rotary j'ai cru bien faire d'attirer son attention sur la situation de l'Universelle Biscuit à partir de tout ce que vous m'avez

dit et de son potentiel

Ça n'est pas tombé dans l'oreille d'un sourd

Jonc a pris le contrôle de l'Universelle Biscuit ça sera dans les journaux aujourd'hui

La première chose qu'il va faire comme à son habitude sera de dresser la liste des employés dont on peut se passer

Vous bien sûr vous n'avez rien à redouter

Et s'il devait vous arriver quelque chose chez Delorge vous trouveriez toujours à vous recaser

Simplement au cas où il vous arriverait malheur

La maison que vous occupez j'en suis preneur[24]

Les deux hommes se dévisagent.

Fondu-enchaîné 9.

Début de soirée.

ULYSSE: Le chef du personnel m'a appelé il m'a dit que je n'étais peut-être pas fait pour ce métier

ALICE: Pas fait pour

ULYSSE: Oui il a dit ces deux choses

Pas fait pour

Et

Manque de punch

ALICE: Moi je n'ai rien dit à M. Jonc

Moi qui n'avais jamais manqué

Un matin je n'y suis pas allée

J'ai su que je ne pourrais pas y retourner

ULYSSE: On fait quelque chose ensemble Alice

ALICE: Oui un stand frites et francforts

ULYSSE: Francforts frites

Laheu entre.

ALICE: C'est l'anniversaire de la mort d'Elisa

Il fait bon sur la terrasse ce soir

LAHEU: Dans les heures qui ont suivi l'inauguration

Le Centre Commercial a brûlé

Blason entre.

ALICE: J'ai pensé qu'on pourrait manger un bout ensemble ce soir

LAHEU: Jonc soupçonne Delorge

BLASON: Mais Jonc n'est pas homme à se décourager

LAHEU: Comme ça tu t'es fait licencier?

    Tu y es retourné?

Ulysse et Alice dressent la table.

ULYSSE: J'en viens

BLASON: La pierre est toujours là?

LAHEU: Avec son nom gravé?[25]

ALICE: Poulet froid

    C'était son repas préféré elle faisait des bassesses jusqu'à ce que tu lui tendes les restes de la carcasse

BLASON: Passe-moi le pain Ulysse

ALICE: Vous ne trouvez pas qu'on est bien?

    Du vin

LAHEU: C'est vrai qu'il fait bon

BLASON: De secrétaire à secrétaire les informations circulent

    Par la mienne j'ai appris qu'une lettre de vous avait été adressée à la direction de Macassin Frères

LAHEU: Vous êtes mal renseigné

    J'ai téléphoné pour demander un rendez-vous à M. Macassin

BLASON: Vous avez téléphoné?

LAHEU: Comme je viens de vous le dire

    La secrétaire a voulu savoir pourquoi je lui ai dit que j'avais des informations qui pourraient l'intéresser sur le trou dans leur comptabilité

BLASON: Quoi? Qu'est-ce que c'est que ces fantaisies

    Sans même l'ombre d'une preuve

LAHEU: Il m'a reçu hier pendant une heure

    Je lui ai dit que je n'avais pas de preuve

    Simplement un faisceau de présomptions

BLASON: Macassin est un homme courtois

    Perdre une heure de son temps à écouter des contes à dormir debout

LAHEU: Il prenait des notes il paraissait intéressé

    Surtout par l'histoire de l'or et de Daphné

    Encore un peu de poulet? Un filet?

    Franchement je serais étonné qu'il pense qu'il puisse garder quelqu'un qui ait fait ce que je lui ai dit que vous aviez fait

BLASON: Attendez que M. Jonc

LAHEU: Je ne suis pas inquiet

BLASON: J'ai parlé de vous avec beaucoup de précision à M. Jonc

LAHEU: Le suicide d'un brave homme comme Bordier sur n'importe quelle conscience ça doit peser

BLASON: A son tour M. Jonc m'a posé une ou deux questions notamment sur la façon dont vous êtes utilisé par Delorge

LAHEU: M. Jonc n'est pas homme à ajouter foi à un tissu d'inanités les circonstances de la mort de votre femme ont particulièrement frappé M. Macassin

Qui m'a donné l'impression d'un homme très droit

Blason renverse la table en poussant un hurlement.

BLASON: Le dépit

Des années que vous crevez de dépit et d'envie

Vous n'êtes pas fichu de mettre un sou de côté et moi j'engrange

Je vous donne ma confiance je vous montre tout et je vous fais partager

Mais l'orgueil vous tenaille vous qui vous croyez plus intelligent que moi alors il faut me dépouiller

Et vous montez votre machine infernale

Avant de me dépouiller que faites-vous? Vous dépouillez et humiliez votre femme vous la jetez sur le trottoir

Regardez Ulysse ce garçon à la bouche cousue c'est qu'il ne vous a pas pardonné

Vous croyez que je n'ai pas compris pourquoi vous cherchez à ce qu'il épouse Alice? C'est pour qu'elle devienne votre créature c'est pour me l'enlever

Intelligent vous l'êtes mais vous êtes un indolent donc un incapable une solution me détruire me ruiner

LAHEU: Ah le beau piège dans lequel je suis tombé le piège hideux vous osez

BLASON: Vous avez le front

LAHEU: Il vous fallait une proie

BLASON: J'ai tout fait pour vous

LAHEU: C'est infâme

BLASON: Taisez-vous

Ils s'empoignent.

Noir

TROISIEME ACTE

A l'arrière-plan, le dos de deux baraques côte à côte et, par-devant, une surface de terre battue au relief inégal. Une vieille fourgonnette. On voit ou pas le stand francforts-frites qui est à quelque distance. C'est le printemps. L'aube. Personne. Chant d'oiseaux et insectes sur fond de bruit de feuilles dans la brise et le passage d'une voiture de temps à autre au lointain. Soudain un aboiement de petit chien. Un temps. Ulysse apparaît.

ULYSSE: Tais-toi
    Affreux

        Il sifflote de sa manière très particulière.

  Où es-tu?
  Plus là
  Evidemment
  Tu viens réveiller le monde et repars en vadrouille

        Alice apparait.

  Bête ignoble
ALICE: J'ai bien dormi et toi
    Je t'apporte un café?
ULYSSE: Il cavale maintenant
    Sa patte est complètement réparée
ALICE: La recette de la semaine Ulysse j'ai compté
    On a fait une grosse semaine
ULYSSE: On commence à être connus
    J'ai eu une idée cette nuit Alice
ALICE: Deux mille quatre cent c'est la première semaine qu'on passe la barre des deux mille francs
ULYSSE: Avec ce chantier qui s'est ouvert[26]
    Les Nord-Africains sont pas chauds pour les francforts
    Au côté des francforts on vendrait des merguez[27] que ça nous ferait faire des affaires supplémentaires

Il sifflote.

Je ne sais pas si tu es d'accord en tout cas c'est une idée qui m'est venue

ALICE: Tu as remarqué? Il y a aussi des vieux qui viennent

J'ai pensé qu'on pourrait faire un banc il y en a plus encore qui viendraient

ULYSSE: Ça peut aussi attirer les amoureux

ALICE: Deux bancs

ULYSSE: Pas si vite

Toi tu veux toujours brûler les étapes[28]

ALICE: J'ai travaillé assez longtemps chez M. Jonc

Blason est apparu.

BLASON: Tu étais à bonne école

ULYSSE: Il court

BLASON: Mais aussi toi

Tu as un tempérament d'entrepreneur Alice

Tu veux toujours aller plus avant

ULYSSE: Comme une fusée il[29] fonce de tous les côtés vous qui ne vouliez pas qu'on le garde M. Blason vaut mieux pour lui qu'il crève que vous disiez

Je peux vous dire que sa patte elle est comme neuve

BLASON: Il n'était pas cinq heures quand il est venu me japper aux oreilles et bien entendu impossible de se rendormir

ULYSSE: Vous êtes rentré tard

Laheu est apparu.

BLASON: Passé minuit j'ai roulé cent cinquante kilomètres pour ne ramener que ce tas de bois

LAHEU: Tout le monde sait que la brocante c'est votre prétexte pour avaler des kilomètres

ALICE: Tu vivrais accroché au volant

LAHEU: Blason le nouveau fou du volant

BLASON: Bavarde[30]

Cette femme on l'emmenait à l'hospice

Elle m'a expliqué j'en ai eu jusqu'à minuit que son fils était mort son mari ça faisait trente ans qu'il était mort ses petits-fils ont tenu un conseil de famille ils ont décidé qu'elle était cinglée

C'était pour ne plus lui verser ses mensualités à cet effet ils ont obtenu un certificat médical

Comment lutter contre ça ? Elle me dit c'était un certificat médical de complaisance un des petit-fils est conseiller municipal et le maire est médecin moi je suis bien ici elle me dit et dites-moi si je suis impotente ou gâteuse ou folle mourir ça ne me fait pas peur mais je voudrais mourir dans mes meubles et je ne dérange personne mais eux ça les dérange de me verser chaque mois leurs huit cent francs chacun aux chèques postaux

Alice a apporté la cafetière, des gobelets, une miche de pain. Ils déjeunent tout en vidant la fourgonnette.

C'est pas ce qu'on appellerait de la belle marchandise

Laheu c'est surtout de la besogne pour vous que je ramène là tenez vous voyez? Ça s'en va tout en morceaux

Ça tenait debout dans la pièce tant qu'on n'y touchait pas sauf Mme Ufize le matin avec son plumeau

Elle encaustiquait

Pas un grain de poussière

ALICE: Elle a du caractère

Moi je trouve

Cette porte de buffet

ULYSSE: Regarde

Un banc Alice

LAHEU: Pour le tout

Combien?

BLASON: J'ai offert trois elle en voulait dix je m'étais dit cinq maximum et je me suis laissé attendrir

Six

LAHEU: Six mille francs?

BLASON: Je la voyais là-bas dans son hospice avec une cantine où on peut s'acheter une douceur un petit supplément et les cadeaux qu'il faut faire aux aides soignants si on veut survivre quelque temps

ALICE: M. Jonc serait resté sur son offre première il aurait emporté le tout pour trois mille

Trois mille trois il aurait cédé dix pour cent et elle se serait sentie fière d'avoir arraché une concession

BLASON: Je ne suis pas M. Jonc

LAHEU: Ça n'est pas une vilaine cargaison ça Blason
Du boulot il y en a mis en état on en tire quinze à dix-huit mille
Disons que j'en ai pour une semaine de travail

Laheu s' est déjà mis à l' œuvre.

Il était temps dites
Combien restait-il dans la caisse?

BLASON: Six mille

LAHEU: Vous auriez dû conclure à cinq mille cinq
Il faudra vivre pendant cette semaine compère

BLASON: Alice m'a dit qu'avec Ulysse ils ont fait une bonne semaine

ULYSSE: On vous fera une avance Monsieur Blason

LAHEU: Tu noteras Alice
Je ne veux pas qu'on mélange les comptabilités
C'est un ouvrage de qualité je vous parle du buffet il est en noyer massif
Rien que lui
Flambant neuf
Pourra faire dans les cinq mille

ULYSSE: On vous laisse Monsieur Blason

ALICE: On va au turbin Monsieur Laheu[31]

Alice et Ulysse sortent.

LAHEU: De comptabilité il faudra également qu'on parle vous et moi

BLASON: Sur la route du retour je me disais aussi que ces choses-là il ne faut pas les laisser dans le vague

LAHEU: Mais vraiment ça vous réussit de conduire

BLASON: Est-ce que je me trompe? Vous souffriez de la conjonctivite vous vous en êtes débarrassé depuis que vous maniez la lime et le marteau toute la sainte journée

LAHEU: Je vais vous dire une chose
A l'Universelle Biscuit il y avait l'air conditionné
Ça use les muqueuses

BLASON: Chez Macassin Frères l'été après des années de chamailleries[32] il a fallu que M. Macassin interdise qu'on ouvre les fenêtres sauf d'un seul côté les papiers s'envolaient alors les papiers ne s'envolaient plus mais on étouffait

LAHEU: On fait ce qu'on a à faire on oublie ce qu'on aime

BLASON: Je croyais aimer ce que je faisais

LAHEU: Ulysse et Alice eux savaient ce qu'ils voulaient

BLASON: Un érable

LAHEU: Ça se plante

Tenez je vais renverser le dos de ce buffet sur vous

Je veux voir par-dessous

Il y a quelque chose qui m'intrigue

Pour ce qui est des affaires entre vous et moi

BLASON: Les bénéfices moitié moitié

C'est mon idée

J'achète et je vends j'assume la responsabilité commerciale

Vous démontez vous remontez vous assemblez un dossier ici avec un piètement là vous ajustez vous cirez

Vous assumez la partie technique transformation et fabrication

LAHEU: Il y a aussi la partie financière et administrative

Ça vous ennuierait de vous mettre à quatre pattes un instant?

BLASON: On peut l'assumer tous les deux conjointement

La direction générale également

LAHEU: Faut réfléchir

BLASON: Bien réfléchir

LAHEU: Mais vous avez votre idée toute faite

BLASON: Une idée de départ je vous la donne pour être discutée

L'important est que chacun fasse ce qu'il sait faire

LAHEU: Mais les bénéfices?

BLASON: Et

Ait de quoi manger

Fasse ce pour quoi il est fait

LAHEU: Fasse ce qu'il aime faire

BLASON: Et qu'il y ait de quoi manger

LAHEU: Vous savez quoi?

Retirez-vous de là en dessous regardez

Il y a quelque chose de bizarre que je ne comprends pas

Ce tiroir quand je le pousse il atteint bien le fond

L'autre est plus court donc il ne touche pas le fond et pourtant il bute

Quelque part là il y a un vide

Un espace intérieur inutilisé

BLASON: Peut-être un réduit secret[33]

LAHEU: Moitié moitié je me demande si c'est équitable

Par exemple là j'en ai pour une bonne semaine de travail et c'est mon travail qui fait passer la valeur de six à dix-huit mille

BLASON: Et si vous essayiez de soulever?

LAHEU: Je pensais qu'en forçant un peu
    Mais ça ne cède pas d'un millimètre

BLASON: Arrivé à son dernier tiroir le menuisier aura manqué de bois
    En appuyant peut-être

LAHEU: Appuyons
    Rien

BLASON: Le lit en chêne que j'ai apporté la semaine dernière
    Combien de temps vous avez passé dessus?
    Rien ou presque
    Peut-on dire
    Ou pas
    Qu'il a été revendu en l'état?
    Et pour le double de ce que je l'ai payé?

LAHEU: Je l'ai poncé astiqué
    Je lui ai donné du lustre

BLASON: Trois fois rien mais c'est vous tout craché vous vous accrochez
    à un exemple unique

LAHEU: Il y a un vide je frappe ici vous entendez ça résonne

BLASON: Les situations varient mais en moyenne
    Et sur le côté

LAHEU: Sur le côté?

BLASON: Essayez de lui imprimer un petit mouvement sur le côté

LAHEU: Vous enfourchez vos moyennes à nouveau
    Nous voilà repartis

BLASON: Vous voulez qu'on réfléchisse?
    Alors il faut tirer la statistique comment voulez-vous faire autre-
ment?
    Laissez-moi essayer

Permutation de position des deux hommes.

Tiens
A l'intérieur de ce vide il y a quelque chose
Vous entendez?
Je secoue et il y a quelque chose qui se ballotte à l'intérieur
    Une fois une semaine une fois deux heures et on tire la moyenne sur
une année supposons cinquante opérations pour se faire une idée on
tire la moyenne
    Mais moi savez-vous côté achat ça peut me prendre un mois deux

mois pour localiser le vendeur intéressant faire les approches nécessaires vaincre ses résistances négocier le bon prix

Ces aspects-là généralement un technicien les ignore

Et côté vente

Deux mois trois mois peuvent s'écouler à Montreuil avant de tomber
sur le client qui se décide et entre-temps j'ai pu faire quinze touches
vingt touches[34] le jeune couple s'approche il discute il marchande elle
veut il hésite il veut elle ne veut plus

LAHEU: Qu avez-vous fait?

Blason tient le tiroir secret entre ses mains.

BLASON: Ça a pivoté sous mes doigts

LAHEU: J'avais bien tenté de le faire tourner

BLASON: J'ai dû appuyer là dans le coin gauche

A ce moment le fond a pivoté

LAHEU: Un ressort dissimulé

Touchez mais c'est pas croyable tout luisant

Encore gras sans doute de sa graisse d'origine

Alice apparaît.

C'est l'absolue beauté

ALICE: Quand j'entends dire ça

Je vous apporte vos francforts-frites

BLASON: Ulysse aussi faut qu'il voie

ALICE: On ne peut pas s'éloigner du stand tous les deux à la fois à cette
heure-là surtout

Ça marche fort avec les gens du chantier les frites plus que les
francforts

Mais Ulysse a eu une idée

Tenez

*Elle remet une francfort-frites à chacun des deux hommes. Laheu lui
remet l'objet que contenait le tiroir: une boule de grosse laine.*

LAHEU: Tiens

Toi

ALICE: C'est quoi?

BLASON: Déballe

LAHEU: Ouvre

ALICE: Un bas de laine

> *Elle recueille dans sa main des pièces d'or.*

Et puis tant pis je vais le chercher il faut qu'Ulysse voie ça

> *Elle pose l'or sur le capot de la fourgonnette qui sert de table aux mangeurs, enroule le bas de laine autour de son cou, disparaît en courant.*

LAHEU: Il y en a pour combien selon vous?

BLASON: Cette vieille balance elle est bien encore chez vous?

> *Laheu contourne la baraque de droite, disparaît, réapparaît avec une balance « romaine ».[35] Opération de pesée, au cours de laquelle Alice réapparait, suivie d'Ulysse.*

Trois cent quatre-vingts grammes à supposer que la balance ne soit pas déréglée

Le prix du gramme oscille autour de cent francs ça représente trente-huit mille francs

> *L'atmosphère est à couper au couteau. Il semble impossible à aucun des quatre de rompre le silence.*

ULYSSE: J'ai fermé le stand

Mais vaudrait mieux que j'y retourne

La clientèle ne comprendrait pas

LAHEU: Moitié moitié alors?

ALICE: Attends Ulysse

BLASON: Je ne vois pas d'autre solution

ULYSSE: Pourquoi il faut attendre?

ALICE: T'auras peut-être ton mot à dire

LAHEU: Est-ce qu'on est sûr que ça nous appartient?

BLASON: D'après le Code civil c'est à nous

LAHEU: D'après quoi ça serait pas à nous?

BLASON: C'est le Code civil qui décide

LAHEU: Alors c'est à nous?

BLASON: A personne d'autre

LAHEU: A la vieille?

BLASON: Une chose est vendue avec tout ce qu'elle est réputée contenir

LAHEU: Réputée?

BLASON: Réputée ou pas réputée

LAHEU: La vieille n'était pas réputée savoir

BLASON: Quelqu'un est mort sans avoir eu le temps de lui dire à Mme Ufize son mari son père son grand-père peut-être que le père de Mme Ufize savait pas peut-être même que son grand-père savait pas au cas où ce serait l'arrière-grand-père

L'atmosphère commence à se détendre.

ULYSSE: Je retourne

ALICE: Attends Ulysse

BLASON: On peut aussi partager et ne pas partager
   On partage mais chacun laisse sa moitié dans le pot commun

LAHEU: Ça devient le capital de l'affaire

BLASON: Avec deux actionnaires à cinquante pour cent

LAHEU: Et ça sert de fond de roulement[36]
   T'as vu Ulysse
   Le ressort le fond pivote pfuit
   Ç'aurait pu rester dedans encore mille ans

ULYSSE: Ç'aurait pas été plus mal

BLASON: Le ressort que ça donne à l'affaire

ULYSSE: Je retourne

Il sort.

LAHEU: Tout s'accélère

BLASON: Avec ce volant de trésorerie j'achète[37]

LAHEU: Plus on achète

BLASON: Plus on vend
   La trésorerie va augmentant
   Laheu

LAHEU: Oui

BLASON: Non

LAHEU: Quoi non?

BLASON: J'ai du mal à m'y faire

ALICE: Je retourne moi aussi
   Ça n'allait pas Ulysse

Je m'inquiète pour Ulysse

Elle sort en courant.

BLASON: Ça me donne le tournis[38]
   Si elle avait ça Mme Ufize
LAHEU: Vous non plus Blason
   Ça ne va pas?
BLASON: On n'a pas besoin de ça

Il monte dans la fourgonnette, met le moteur en marche.

LAHEU: Qu'est-ce que vous faites?
BLASON: J'y retourne

Blason reste les mains sur le volant, immobile. Laheu remet les pièces dans le bas, une à une, lentement.

LAHEU: Il y a une chose que je ne vous ai pas dite Blason
   Vous êtes un type en or

Il apporte le bas à Blason.

BLASON: Moi je ne vous ai pas dit que ça ne me déplaît pas de me retrouver ici avec vous
LAHEU: Alice ça lui convient bien
BLASON: Je vous avais dit pour Ulysse
   Qu'il allait sortir de l'oeuf pas un matin qu'il ne se réveille sans une idée nouvelle
   Il vous a parlé de son idée de merguez?

Alice apparaît, portant Ulysse par-dessus son épaule, ensanglanté.

ALICE: C'est son canif il avait toujours son canif dans sa poche
   Mais il n'a pas réussi à l'enfoncer jusqu'au coeur je ne crois pas en tout cas

Soins. Aboiement de petit chien.

FIN

NOTES FOR
DISSIDENT, IL VA SANS DIRE

1. This opening is characteristic of Vinaver's elliptical style: the words 'les clés' are never mentioned (as they are in a later scene, see p.10, line 30) but it is apparent from the dialogue that Mother and Son are searching for the keys of the car.

2. Another elliptical reference to the car and the problems of finding a parking space; **en double file** means double-parked.

3. **passer ton permis**: take your driving test.

4. **Je veux combattre...**: This is a good example of the variation of tone, or linguistic register referred to in the introduction (see p. xxiii): the first half of Philippe's line resorts to old-fashioned cliché and would presumably need to be given a melodramatic inflection but there is then an abrupt switch to a tone of tenderness, which almost seems more appropriate for a lover than for a son.

5. **un chouette mec**: Philippe makes a choice of deliberately youthful slang: a bloke who's sorted.

6. **Tu as fait faux bond à ton père**: you stood your father up.

7. **Une rosette de Lyon**: a special make of salami sausage.

8. **Tu as été confirmé?**: have you passed your probationary month?

9. **fait la bringue**: had a binge.

10. **on se barre**: you push off.

11. **la Beauce**: a vast agricultural area near Chartres.

12. Philippe here picks up on the conventional phrases used by his father in the letter, whose bureaucratic language seems like an intrusion into the more intimate exchanges between him and his mother. Philippe's next line reveals some of the hidden violence in his relationship with his father.

13. **les clés**: cf. note 1; Vinaver's plays are shot through with echoes of this kind - see his comments on the similarities between his style of writing words and a composer's way of writing music, introduction p. xiii.

14. **la chaîne**: production line.

15. **tonton**: uncle in childish vocabulary – used by Philippe as a pejorative term for an old man.

16. This is the first clear indication we get that Philippe has invented the story of a strike at the Citroën works, although there have been hints, throughout the play, that everything he says should not be taken at face value.

17. **mes quatre-vingt-dix pour cent**: under legislation in force at the time, unemployment benefit was related to a person's previous salary, 90% of the salary being payable for the first year of unemployment.

18. The linking of an aim in life with the sausage clearly has an ironic resonance, but also recalls a previous discussion (scene 4) about Philippe's ideal in life.

19. donnés: betrayed.

20. Charlie-Hebdo: a satirical magazine not unlike the British publication *Viz*.

21. Avec protection latérale de bas de caisse: a technical term for a special safety feature, taken from the advertising for the new Renault R 5. At this moment, when Hélène and Philippe truly desire to communicate as mother and son, gobbets of anonymous language get between them.

NOTES FOR
LES TRAVAUX ET LES JOURS

1. Eugène Vinaver, Michel's maternal uncle was Professor of Romance Languages and Literature at Manchester University throughout the 1950s and 1960s. It was while staying with Eugène in 1947 that Michel made his translation of *The Waste Land*. Note the reference to the waste land ('Terre Gaste') in the second epigraph; Eugène was a noted medieval and classical scholar.

2. (ll. 1-15) The play starts straight in with a sequence in which two very different dialogues are juxtaposed: Nicole's conversation with a client on the telephone, in which the language seems made up of chunks of advertising jargon, and a much more intimate discussion between Anne and Yvette in which they are discussing Nicole's love life.

3. Beaumoulin and Mixwell are Cosson's business rivals; the climate of commercial competition is established from the word go, even in the office of the 'service après-vente'. This introduces one of the axes of opposition that runs through the whole play: insider/outsider. At the beginning, Yvette is an outsider, since she cannot manage the 'house style'; as such she has to be warned against imitating Cosson's competitors. By the end of the play, the situation is reversed: Yvette is the insider, while both Anne and Nicole are excluded.

4. chuchotis des machins: murmurings of sweet nothings.

5. Jaudouard's first speeches in the play are all about correct writing style; as if to reinforce his superiority at the linguistic level, he makes a deliberate use of the subjunctive, something that always seems a little formal in French speech and is in sharp distinction to the other idioms juxtaposed in this opening: a) the commercially defined language of the answers that the three women give to customers on the telephone; b) the much more informal style of their private chit-chat.

6. Nicole's next three speeches are to Anne, while Yvette is coping with Jaudouard's objections to her draft letter. Nicole is recounting the rather bizarre details of the call she has just received from a woman who has a sentimental attachment to her old coffee grinder, because it was given to her by her husband, and because he always used to throw it at her when they a had a row. This opening sets the tone of the play, in which the professional and the personal are constantly intermingled (or ground together, as in a coffee grinder) and the subject of the sentence is always in question.

7. Jaudouard's speech once again establishes him as the mouthpiece of the company. He goes on, in the following exchange with Yvette, to make use of his power within the office hierarchy to threaten Yvette. She responds to his criticism of her professional expertise by underlining the difficulties of her personal life, so that once again the two areas are intermingled. NB. his use of 'tu' instead of 'vous' (line 19) marks a sharp change in his approach towards Yvette and one that she resents (see p. 25, line 13). It is significant that he boasts, only two speeches later, of having been 'tutoyé' by the former owner of the firm, M. Albert Cosson.

8. olfactif: Yvette uses a long word in order to make it seem as if there is something scientific, not personal, in her not wanting Jaudouard to lean so close to her. The theme of sexual harrassment in the office is one of the many threads that go to make up the complex texture of this play: it is never far from the surface but seldom blatantly overt. It is something that needs to be brought out in performance.

9. Anne's effortless assumption that all Spaniards have cruelty 'in their blood' is just one example of the unselfconscious racism that the playwright identifies as part of everyday idle chatter.

10. Nicole is discussing the possibility of Jaudouard being promoted to replace Célidon if Célidon is promoted to head of sales.

11. Although her seniority would recommend her for promotion, Anne is only too well aware that, as a general rule, women are always passed over.

12. Franco: dictator of Spain from 1936 until his death in 1975. Franco came to power through a military coup, followed by a period of civil war in which he defeated the legitimate Socialist government. Large numbers of those who had resisted his forces were imprisoned or killed; many went into exile in France. After his father's death in Franco's prisons, Guillermo has lived all his life in France. But in political matters, as the following dialogue shows, he is not an activist.

13. note de service: internal memorandum – i.e. the one that Jaudouard reads out at the end of the scene.

14. le pot: familiar term meaning a drink offered by someone else.

15. Bazar de l'Hôtel de Ville: a big department store, not unlike Selfridges, on the rue de Rivoli in Paris.

16. HEC: Hautes Etudes Commerciales. Anne means that Célidon is a graduate of the most prestigious University course in business studies in other words, he is a high flier.

17. Guillermo's rather telescoped account of the history of the Cosson family suggests something of the confused allegiances characteristic of many French industrial bosses during the period between 1915 and 1945. It would seem that the current owner's (M.Pierre's) grandfather lost a leg in the First World War, but was content to run his factory in collaboration with the Occupying Nazis during the Second, since he was condemned to death by a court in 1945 (the period after the liberation of France, known as 'l'épuration', when collaborators were tried and condemned). M. Pierre's father, who had been in a German prisoner of war camp until the end of the war, then returned to reconstruct the family business.

18. Here there is another shift in the linguistic tone as Nicole, Anne and Guillermo recall some of the phrases from M. Pierre's speech to his assembled workers. The tone of humorous reconstruction helps to underline the hypocrisy of phrases such as **l'entreprise qui porte mon nom mais qui est la vôtre.**

19. tirer la tronche: a slang phrase meaning to pull a face.

20. Puces de Montreuil: a flea-market on the outskirts of Paris.

21. The first part of this scene has emphasised the human relationships in the office: Guillermo's affectionate account of how he discovered one of the original Cosson machines and his refusal to leave Paris for the factory in the Vosges; Yvette's sexual desire for Guillermo; Anne's attempt to give special personal treatment to one of her clients; Nicole's worry that Jaudouard hates her. Now Anne slips into the jargon of business plans and balance sheets; her account of Jaudouard's session with Célidon demonstrates with brutal clarity how commercial imperatives take precedence over personal needs or desires.

22. pris un bide aussi retentissant: had such a shattering failure. The word 'bide' is theatrical slang for a flop (similar to 'un four').

23. Jaudouard's last speech has a comic effect: frustrated by Yvette's insistance that her younger brother should be part of his proposed cinema outing, he resorts to his superior knowledge of coffee grinders to put her in her place and the audience sees the falseness of the apparent separation between the personal and the commercial.

24. The memorandum read out by Jaudouard refers back to the question of whether employees of the firm are allowed pin-ups (see Guillermo's speech pp. 30-31) and becomes linked with Nicole's struggle for the right to some privacy and her demand for the installation of a partition wall ('la cloison' of her preceding line).

25. Me fais pas rire mon dos: Nicole's exclamation suggests what a lot of physical action lies waiting to be discovered beneath the words of the dialogue. Nicole's reference to her back reminds us of her earlier complaints when Anne was giving her a massage, and the whole sequence, in which Yvette is both sympathising with Anne over her daughter who has gone missing and exhibiting rebellious behaviour towards the management, suggests a great deal of movement around the office.

26. DS; 2CV; Peugeot 304; Simca: all different models of car, the first two being Citroëns.

27. coliques néphrétiques: renal colic.

28. Jaudouard's submission to Célidon is shown *linguistically* in the way he adopts Célidon's language and approach to office management.

29. The opening of scene 5 presents another example of ironic humour achieved by juxtaposition: Jaudouard's rather clumsy attempts to get rid of Guillermo, who feels that he has given his whole life to the firm of Cosson, are set side by side with Yvette's telephone discussions with a customer who is so devoted to her old coffee-grinder that she does not want to exchange it for a new one. We are also introduced to the changes that are afoot in the firm by hearing about how Célidon made a pass at Yvette in the lift. NB. Yvette's use of the common (rather impolite) expression **Putain** ('tart') just at the moment when she is unconsciously behaving a bit like one.

30. **ram-dam**: row or uproar (i.e. the start of the strike).

31. The newspaper article read out by Anne provides a completely different (outsider's) way of articulating the experience that the people in the office are going through. The fact that it is read out like this in one solid chunk suggests the way in which the machinations of big business are both fascinating to, and yet completely outside the control of, the employees whose lives they will affect. Cf. Vinaver's comment about how 'l'individu peut se trouver à la fois broyé par un système et en complète communion avec lui.' (see introduction, p. xxiv)

32. **on se la coulait douce c'est ça?**: we had an easy time of it I suppose? (ironic). Throughout this speech Nicole uses a particularly colourful set of slang expressions, showing how heated she feels on the subject.

33. The scene closes on another rather poignant juxtaposition, as Anne discusses her difficulties with her teenage daughter (with Nicole), and Yvette tries to get Guillermo to talk about his father.

34. For a comment on Scene 6 see the introduction to *Les Travaux et les Jours*.

35. Cécile (or, rather, talk about Cécile) is to become a major factor in this scene. She has been referred to before, but all we have gleaned is that she is a friend of Anne's who has privileged access to the higher reaches of the hierarchy. In this scene it emerges that she is M. Bataille's personal assistant and that, moreover, his meteoric rise may be due more to her skills than to his own (see p. 46, lines 28-9). Her role in helping to transform the Cosson business is amusingly contrasted with her lack of emotional life and her devotion to saving the columns of the Parthenon from the effects of modern industrial pollution.

36. The progress of Yvette towards a permanent job is reflected in her ability to speak the language of the firm's management at this point in the strike.

37. Jaudouard is referring to Guillermo's rate of repairs and slips into the jargon of the work place: **cadence moyenne**: average rate; **il est parti pour passer le cap des quarante**: he looks set to get over the hurdle of forty.

38. Nicole is complaining that despite the management's concession in the matter of the dividing wall, they are still unwilling to listen to what the office workers consider to be their real priorities. **La voix de celles qui vont au charbon**: the voices of the people who do the real work.

39. Suddenly Yvette is talking a completely different language: that of the youth culture. **Putain** is a common exclamation (see note 29); **classique des valeurs bidon**: typical empty talk about values.

40. Jaudouard's language now reveals spiteful hatred of the strikers. **Grenades lacrymogènes**: tear-gas grenades; **fumiers**: bastards.

41. The humour of this speech comes from the way Jaudouard is once again parroting the new marketing jargon brought in by M. Bataille. There is a particularly poignant juxtaposition with Yvette's speech (on the telephone) about how the management refuses to give in to a few **forcenés** (fanatics), while we can see that both the firm and she herself are only too happy to submit to the fanatical activities of M. Bataille and the new generation of managers he represents (people that would be called 'Thatcherite' in an English context).

42. sur les rotules: dead beat (literally, on my knee-caps.)

43. As a counterpart to the newspaper report read out by Anne in scene 5, this appeal issued by the union appears as a kind of frozen chunk of language, articulating the strikers' position and aspirations. The threat in the final line is to Guillermo, considered to be acting as a strike-breaker, since he has been accepting machines for repair while the factory is on strike (see above note 36); **à bon entendeur**: if the cap fits.

44. The final discussion of the scene is between Nicole, who wants to set up a union branch in the office, and Anne who considers it would be the quickest way to get them all sacked. It is complicated by the fact that Yvette is seeing Anne's daughter Judith in an attempt to help her through her crisis which she refuses to talk to her mother about (cf. scene 4).

45. Anne has now switched from talking about Cécile to discussing her daughter, Judith.

46. Montreuil and **Clignancourt** are both just outside the old walls of Paris, conveniently situated on the 'boulevard périphérique' for antiques or flea markets.

47. il passe cadre: he is joining the management.

48. t'es une bonne femme c'est ça?: I suppose it's because you're just a woman?

49. In her remaining speeches in this scene Yvette rather cruelly repeats the things that Anne's daughter Judith has told her the night before about her parents; note the changes in the tone of the dialogue as Yvette puts on the voices of Judith's parents.

50. Nicole's final speech in scene 8 becomes a poignant statement of her own situation: she uses the language of the firm encouraging the customer to abandon their old machine in favour of a new one, but what the audience understands is the pain of her own personal situation, in which she is being obliged to jettison her old, settled way of life for a new one of which she knows nothing and which promises no security.

51. Un sourire au bout du fil: this line was used by Peter Meyer for the title of his English translation: *A Smile on the end of the line*; it sums up the importance of preserving a space for human warmth in business transactions - the 'acceptable face of capitalism' that the new managerial developments seem determined to sweep away.

52. ses quatre-vingt-dix pour cent: see note 17 to *Dissident, il va sans dire*.

53. Maurice: this is the first time that we hear Jaudouard's first name spoken; Anne's use of it at this point introduces a new note of intimacy and shows that she realizes he *is* serious and, moreover, that she is not opposed to his advances. The play reaches a 'happy end', rather as in Shakespeare's comedies, with all the characters entering new liaisons: Anne paired off with Jaudouard and Nicole, Yvette and Guillermo agreeing to set up house as a threesome.

54. une couleuvre à avaler: an insult I shall have to swallow (i.e. if I want to keep my job).

NOTES FOR *LES VOISINS*

1. Un trou: the first word of the play contains multiple resonances. Its immediate meaning is a fraud or shortfall in the accounts of the firm for which Blason works. Some of its additional associations will only make sense as the play unfolds: the most significant are the grave in which Elisa (the dog shared by Alice and Ulysse) is being buried, and the hiding place beneath the shared terrace where Blason conceals his gold.

2. The confusion of past and present, myth and reality, life-and-death issues and trivialities, is typical of the procedure used by Vinaver. Its origins, in T. S. Eliot's early poems are clear to see (cf. Introduction, p. xx) especially in the use of names. In the first moments of the play, only two names are mentioned: Ulysse and Daphné, both names familiar from Ancient Greek mythology, but whose juxtaposition with the trivialities of telephone messages and table-laying create an ironic effect.

3. c'est du Sèvres: Sèvres porcelain is known as the finest made; the Sèvres factory dates back to 1738.

4. *les doigts liés*: Vinaver introduces clear discrepancies between the behaviour of the fathers and that of the children: the fathers talk a great deal, often about nothing more than the differences between them; the children are more direct, less verbal and seem keener to look for similarities than for differences.

5. manchettes de lustrines: old-fashioned sleeve-protectors worn by clerks and accountants.

6. quatre services à poisson Trianon: four 'Trianon' sets of cutlery and crockery for serving fish. Vinaver invents the trade mark 'Trianon' because of its associations with fine living - the Trianon was the name given to a small palace constructed by Louis XIV in the grounds of Versailles in 1687 (also to another built by Louis XV in 1768).

7. aller devant le maire: i.e. get married. In France all weddings have to be registered by the mayor or his representative at the Mairie (this applies whether or not there is a church celebration).

8. Taken together with Blason's repeated references to the fraud at Macassin Frères, this speech presents the business life of the community as one of deception and strife. The actress playing the part of Alice needs to find three different voices in this section: the voice of her boss, Monsieur Jonc, that of herself speaking to him, and the voice of her narrative.

9. cette satanée fripouille: that confounded rogue (referring to Monsieur Jonc)

10. The dispute between the two fathers about whether success in business involves violence provokes the hurried departure of Ulysse and Alice on the (perhaps invented) pretext that Ulysse has left his pocket knife at the dog's grave; cf. the last speech of the play.

11. un manant au Moyen Age: a medieval yokel.

12. *Laheu et Ulysse dressent la table*: note the deliberate symmetry with the play's opening scene. This is increased by the references back to the dog and to the nature of the new 'trou' that has been opened up on the terrace by the burglars.

13. Again, there is a deliberate use of inappropriate historical names for comic effect; this is clear in the naming of a breakfast service after Antony and Cleopatra, but closer to the realities of contemporary commerce in the choice of Chambord and Chenonceau (both chateaux on the Loire, constructed in the sixteenth century). Pompadour was the name of Louis XV's chief confidante and procuress; Daum is a high class brand of cristal and Beauharnais was the maiden name of the empress Josephine before she married Napoleon Bonaparte.

14. piquette: plonk.

15. passer à la casserole: get a grilling.

16. *Fondu-enchaîné 1*: This is a term used in the cinema meaning a dissolve and cross-fade. Vinaver presumably uses the cinematic term to emphasise his wish for the ten separate scenes of Act II to follow one another with no interval between each; cf. his stage direction at the start of the play.

17. Blason recites the menu he has devised for his special dinner to thank Laheu for his help following the burglary. The best goose liver paté (foie gras) is reputed to come from the Landes region near Bordeaux; a filet mignon is an exceptionally tender slice of beef; pommes soufflées are potatoes deep fried twice in order to make them puff up and become crispy; **le chambertin est chambré** means that the wine (Chambertin is a red burgundy vintage wine) has been uncorked and left to warm up to room temperature.

18. Blason here implies that he knows who has committed the fraud at Macassin Frères, but it remains a mystery as far as the audience is concerned. Later on Laheu implies that he thinks Blason himself has stolen the eight hundred thousand Francs (p. 89, line 22), but this is at a moment when the two men are both in a frenzy of suspicion and hatred vis-à-vis one another.

19. Elle: Ulysse is referring to the farm that he and Alice wish to buy to convert into a restaurant.

20. Tout s'éclaire: cf. Laheu's speech at the end of the following scene. His hypothesis is not particularly convincing and leaves a number of doubts in the audience's mind, e.g. whether Blason really knows Mme Daphné.

21. L'ordre de classer le dossier est venu de haut: the order to close the file (i.e. the police file on the burglary) came from high up. Blason imagines that Laheu has persuaded Delorge to put pressure on the police to put an end to their investigations.

22. une bouteille: the grotesque comedy of this scene comes from the disparity between, on the one hand, the old neighbourly habits of sharing a drink which continue undisturbed and, on the other, the ever more fantastical suspicions that each man builds up concerning the other's supposed machinations against him. The pressure of the play's dramatic movement leads the audience to be interested in the twists and turns of this interpersonal phenomenon, rather than in solving the problem of who stole the gold.

23. This very short scene suggests two opposed interpretations of what is taking place between the fathers; it also suggests the differing attitudes towards these events on the part of Alice and Ulysse.

24. La maison que vous occupez j'en suis preneur: it is not clear whether this statement by Blason confirms Laheu's suspicions (expressed in his speech at the end of the scene before last), or whether it is a case of Blason appropriating the motive attributed to him by Laheu. Probably the idea had never entered Blason's head before Laheu made the accusation. But it is clear that, at this moment, Blason means every word, and intends it to land on Laheu as the final blow (which is how Laheu takes it).

25. This is a good example of the ambiguities of resonance achieved by Vinaver's dialogue: the lines refer to Elisa's grave in the forest, and yet they might also refer to Jonc's Centre Commercial which has gone up in flames.

26. ce chantier: that building site. North African immigrants are frequently employed as workers on construction sites in France.

27. merguez: North African spicy sausage.

28. brûler les étapes: cut corners.

29. The 'il' referred to here is the puppy.

30. Blason is describing the old woman from whom he bought the furniture the day before.

31. On va au turbin: we're off to the daily grind.

32. chamailleries: petty squabbles.

33. un réduit secret: a secret recess or compartment. This dialogue between Blason and Laheu seems partly comic in view of their violent attacks on one another in the previous act, yet it also suggests that in their relationship they have discovered hidden reserves, just as the old sideboard has a hidden compartment.

34. quinze touches, vingt touches: fifteen or twenty bargaining sessions.

35. une balance romaine: this is a technical term - in English the equivalent term is 'a steelyard', meaning scales that consist of a straight steel bar hanging on a pivot, from which the item to be weighed is suspended.

36. fond de roulement: working capital

37. volant de trésorerie: the cash available.

38. Ça me donne le tournis: it makes me giddy.

... pas sûr

au fond de lui-même
/encore pas sûr
enfermé
anxieux
impressionnable
le petit journal
le Monde sous le bras
c'est écrit, c'est vrai
c'était dans le journal
donc c'est faux
le *piège* de sa méfiance
le monde est semé d'embûches
je suis menteur
pas crédit aux autres
pas de capital confiance
pas de pitié

... coupé en deux

toujours deux formes
secret et parole
chez lui le contraire est vrai
généreux et radin
prudent et audacieux
accueillant et timide
vantard et modeste
parfois audacieux car il ne sait pas
hospitalier et fermé
grande gueule, bonne pâte
cyclothymique
naïf et calculateur
écartelé
freine en accélérant
schizophrène
mesquin et naïf
prédateur et près du radiateur
pris au *piège* et jaloux
piège à con
il pige vite
mais il faut lui expliquer longtemps
aime être aimé
mais fait rien pour
aime sa femme mais cherche la maitresse

... à la cueillette du plaisir

aime être aimé
mais fait rien pour
un dindon
tout m'est dû
tout médusé
tu m'es doux
les petits noms doux
mon lapin
ma petite cocotte
un chaud lapin
sentimental
sensualité polymorphe
un pervers à double arbre à ca
halluciné
aime sa femme mais cherche la
/maîtress
s'encanailler
il se shoote avec ses illusions

... coq et dindon

pantouflard
rationaliste
on m'aura pas
un vrai coq
il chante fort
se dresse sur ses ergots
aime qu'on le regarde
il aime la basse-cour
vantard
ses poules
un dindon
tout m'est dû
prestige
standing
m'as-tu-vu
vantard
l'éloge du clan familial
la pompe et le pompon
les signes extérieurs de richesse
son attachement au passé
l'adhésif
signes extérieurs
le seul à avoir une Histoire
faire des histoires
écussons
médailles
diplômes
décorations
les diplodocus
le bras long
a des relations
le bras long pour aller voir
/au-dessus
méprise ceux qui parlent
/français sans être Français
les Canadiens, les Belges,
/les Suisses
tout dans la cravate

Le Français, il est comment? (II)

... féminin

changeant
fantasque
versatile
féminin
trop d'actions pas ordonnées
le verbe
la verbosité

(Extract: pp. 214-15, *Les Français vus par les Français* [Barrault, 1985] by Guy Nevers, alias Michel Vinaver.